アメリカ人の言語観を知るための10章

― 先住民・黒人・ヒスパニック・日系の事例から ―

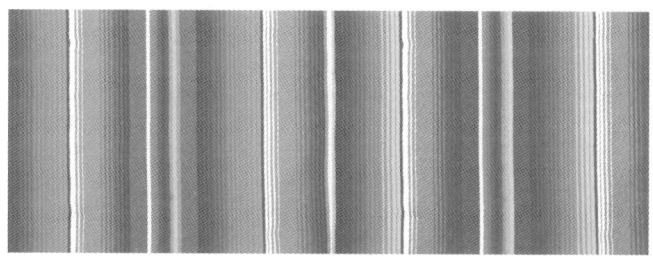

杉野俊子 著

大学教育出版

はじめに

　今日の日本では，アメリカ合衆国についてのニュースが毎日入ってきますが，主に政治，経済，ハイテク，音楽や映画産業関係なので，「アメリカ合衆国とはどんな国なのか」という問いに，アメリカ社会の言語問題を考える人は少ないでしょう．本書は，そんな問いを教育・言語政策という面からとらえることによって，今までとは違う側面を紹介していきます．また，専門用語や難解な表現をできるだけ避け，平易な表現や図表などを用いて，アメリカ文化・言語事情に興味のある学生，教職関係者，一般社会人にもわかりやすく解説していきます．

　本書を執筆するきっかけになったのは，20年前にアリゾナ州立大学に留学した時，ナバホ族のネイティブアメリカンと知り合い，ナバホ族のNationを訪ねたことが遠因にあります．それ以前に留学した時は，黒人たちの公民権運動も下火になり，ベトナム戦争中とはいえ，アメリカは強くて自信に満ちていた時でした．当時は私も20代でしたから，あまり社会問題や人種問題を意識していませんでした．最近になって，ずいぶん歴史的に貴重な時期にアメリカに滞在することができたと実感しています．それと同時に，当時は英語を話すことは当たり前と思っていたことが，実際は大変複雑な事情があることがわかり，それを皆さんと共有したいという思いが強くなりました．

　そのような訳で，ここ何年か大学の4学年のゼミ形式の英語の授業で，アメリカ文化・言語に関して教えてきました．エスニシティに関しては多民族性を認めているアメリカですが，言語に関しては多様性を認めているのであろうか．ネイティブアメリカンや奴隷として連れてこられたアフリカンアメリカンに対してどのような言語政策がとられたのだろうか．ヒスパニックに対してはどうであろうか，といった問題に焦点を当てながら教えてきました．しかし教材作りは試行錯誤でした．数多く出版されている専門書は学生には難しすぎました．また，英語が専門でない理系の学生に，「直接英語を教える」のでは

なく,「英語を使って教える」という教材を作るのは容易ではありませんでした. 文化研究の授業とは違い, 英語の授業の場合は, 語彙や文法の勉強のほかに content-based instruction（内容重視の授業形態）の中で, critical thinking skills（批判的能力）や autonomous learning（自律学習）の涵養など, 常に教育と学習の視点から考えなければいけないからです（付録のチャレンジ参照）. 英語の手作り教材が少しずつ出来上がった頃, 人文学科の英語言語文化論や地域研究（アメリカ文化・言語）の授業を担当するようになりました. こちらは, 同じ題材を扱っているとはいえ, 英語の授業とは違うので, 今度は教材を日本語中心にしました. また, 日系アメリカ人の題材に学生がより興味を示してくれたので, 博士論文のテーマであった日系ブラジル人についても加え, さらに, 小学校に英語が導入されたことを受けて, 日本人の英語観にも触れてみました.

本書の出版に際しては, 大阪大学の杉田米行氏, 大学教育出版社長佐藤守氏ならびに編集部安田愛氏に大変なるご尽力をいただき, ここに深く感謝いたします. 最後に, 93歳まで頑張った故・鈴木幸子（母）に本書を捧げたいと思います.

2012年8月

杉野俊子

本書の使い方

　本書は，概念と英語力を高めるための英語の授業用教材として，文化研究として日本語の部分を多くした授業用の教材としてという二本立てで使えるように工夫しています．また，リーダーシップ教育にも役立つでしょう．

〈使い方の例〉
① 　英語の教材として使う場合は，ⓐまず日本語の部分を読んで大体の概念や事象等を把握し，ⓑ次にほぼ同じ内容の英文を読んでみて下さい．日本語で background knowledge（背景となる知識）がついているので，英文も読みやすいはずです．
② 　日本語の教材として読む場合は，そのまま日本語だけを読んでいって下さい．もしその過程で余力があれば，英文に挑戦してみて下さい．
③ 　英語の学習，あるいは英文だけで読みたい人は，英語で書かれた部分だけを読んでいくこともできます．

　アメリカ人の言語観を考えていく授業ですが，そこから，日系アメリカ人，日系ブラジル人，特に小学校英語など日本人にとっての英語の位置づけなどについて，日本にいる私達のことも考えていくきっかけとなる内容にまとめています（付録の「チャレンジ」参照）．「日本人にとって異文化理解の根底となすものとは何か」の問いの答になれば幸いです．

アメリカ人の言語観を知るための10章
―先住民・黒人・ヒスパニック・日系の事例から―

目　次

第 1 章　アメリカ文化・社会を理解するために役立つ基礎知識 …………… 1

第 2 章　アメリカインディアンに対する言語政策 …………………………… 4
　1．アメリカインディアンの同化政策と言語変容　4
　　（1）ナバホ族のロングウォーク　4
　　（2）インディアン局（Bureau of Indian Affairs）（BIA）　6
　2．インディアン寄宿舎学校（Boarding School）　6
　確認テスト 1　11

第 3 章　現代のネイティブアメリカン ………………………………………… 13
　1．ナバホ語の暗号通信兵　13
　2．政治・経済にかかわる部族運営　14
　　（1）Tribe（部族）と Nation（部族連合）の相違　15
　　（2）生活水準と経済的基盤　16
　3．現代の先住民の女性たち（Contemporary Indigenous Women）　17
　4．部族語の復活と維持　19
　確認テスト 2　22

第 4 章　黒人奴隷とジムクロウ法 ……………………………………………… 24
　1．黒人奴隷　24
　確認テスト 3　26
　2．ジムクロウ法（1880 ～ 1960 年代）　26
　確認テスト 4　28

はじめに …………………………………………………………………………… i

本書の使い方 ……………………………………………………………………… iii

目 次 vii

第5章 アフリカン・アメリカン英語（Ebonics） ……………… 31
　1. エボニックスが出てきた背景　*32*
　2. エボニックスの特徴　*34*
　3. エボニックス論争　*35*
　4. エボニックス 論争その後　*37*
　5. 教育・文化・アイデンティティ・経済力との関係　*38*
　　（1）教える側と教わる側の意見の相違　*38*
　　（2）経済力との関係　*39*
　確認テスト5　*41*

第6章 プエルトリコ人は移民かアメリカ市民か？ …………… 42
　1. ヒスパニックに関する基礎知識　*42*
　　（1）ヒスパニックとは？　*42*
　　（2）ラティーノ（Latino）とは？　*42*
　　（3）ヒスパニックとラティーノの違い　*43*
　　（4）チカーノとは？　*44*
　2. プエルトリコ人のニューヨークへの移住　*45*
　3. プエルトリコ人の言語とアイデンティティ　*46*
　確認テスト6　*50*

第7章 二言語教育と提案227に至るまでの背景 ……………… 51
　1. 初期のドイツ系移民　*51*
　2. 「祖国で異国人」になったメキシコ人たち　*52*
　3. 英語公用語運動の提唱者たち　*56*
　4. 二言語教育法　*59*

第8章 「English-Only」運動 …………………………………… 61
　1. 提案227　*61*
　2. イングリッシュ・オンリーが示唆する影響　*63*

3. English-only の背後にある考え方　*65*

    確認テスト 7　*77*

第 9 章　日系人と太平洋間移動…………………………………………*78*

  1. 日本からアメリカへ（1885 〜 1924 年）　*78*

    （1） グローバリゼーション，移民，日系の定義　*80*

    （2） ハワイ官約移民から排日法まで　*80*

    （3）「敵性外国人」としての日系人（第 2 次世界大戦中）　*82*

  2. 日本からブラジルへ（1908 〜 1989 年）　*83*

  3. ブラジルから日本へ（1990 〜 2008 年）　*90*

    （1） 出稼ぎからデカセギ（*dekasseguis*）へ　*90*

    （2） 浜松の日系ブラジル人　*93*

    （3） 浜松のブラジル人学校　*94*

  4. 浜松住人と日系ブラジル人の関わり　*99*

    （1） 研究方法　*99*

    （2） 分析結果　*100*

    （3） 自由記入の定性データ結果　*105*

    （4） まとめと考察　*106*

  5. 再び日本からブラジルへ（2008 年〜現在）　*114*

  6. 日系移民の共通項　*115*

    確認テスト 8　*117*

    おわりに　*118*

    補説　2008 年リーマンショック以降　*120*

    確認テスト 9　*122*

第 10 章　日本での英語の位置づけを考える………………………*123*

  1. 日本の言語学習をクリティカルに考察する—English あるいは Englishes か？—　*123*

    （1） フィリプソンの言語帝国主義　*124*

確認テスト10　　*125*
　　　　（2）英語母語話者と非母語話者　*126*
　　2. 異文化理解とリーダーシップ教育の根底をなすもの　*127*

付録 1-4 ………………………………………………………… *129*
解答例 …………………………………………………………… *138*
引用・参考文献 ………………………………………………… *155*

第1章

アメリカ文化・社会を理解するために役立つ基礎知識

　「アメリカ合衆国（以下，アメリカ）とはどんな国なのか？」と聞かれた時に，さまざまな枠組みからアメリカ社会を分析出来ることがわかる．たとえば，歴史，経済，政治（大統領，戦争），宗教，人種・民族や野球・音楽・食を含めた大衆文化などである．しかし，言語，特に，言語政策的な視点というのは少ないのではないか．それはなぜだろうか．大多数が2～3の言語を話す多言語主義のヨーロッパと違って，アメリカというと「英語」というイメージが定着しているからだろうか．

　みなさんはアメリカの公用語は英語だと思っていますか．また，アメリカに住めばだれでも英語がペラペラになると思いますか．「人種のるつぼ」「サラダボール」，ESL, mother tongue（母語），national language（母国語），アメリカにおける bilingual education（二言語教育），「アメリカの公用語とは」など，それぞれの用語がどんな意味を持っているのかなど，先住民や移民の歴史や言語問題について詳しく学習していく前に，アメリカ文化・社会を理解するために役立つ用語や定義を，背景となる知識（background knowledge）としてまず考えてみよう．

―― 基礎知識・概念チェック表 ――

1. 人種のるつぼとはなんですか？

2. 「人種のるつぼ」の代わりに最近使われている表現はなんですか？

3. ESL と EFL にはどのような違いがありますか？

4. mother tongue とは？ national language との違いは？

5. bilingual とは？

　日本ではどんなイメージを持たれていますか。

　アメリカではどうだと思いますか.

6．移民（immigrant）と難民（refugee）の違いは？

7．アメリカの公用語はなんですか．

8．アメリカに長年住んでいれば誰でも英語が流暢（fluent）になると思いますか．

9．アメリカ・インディアンについて知っていることやイメージを書いてください．

10．アメリカ・インディアンについて調べてきたこと．わかったこと．

11．その他，疑問に思ったことを書いて下さい．

第2章 アメリカインディアンに対する言語政策

1. アメリカインディアンの同化政策と言語変容

　最初のアメリカ大陸への移住者は，2万年以上前にアジアから大陸移動してきた人たちだった．スペイン人を筆頭とするヨーロッパ人がアメリカ大陸に上陸してきた頃，アメリカ・インディアンは北米，中南米を合わせて 3,000 万 − 4,000 万人おり，大半が Rio Grande 川以南に暮らしていたとされ，言語は南北合わせて 1,000 以上と推定されている．

　北米には約 400 万人が住んでいて，現在のアメリカにあたる地域には 150 万人ほどいたとされるが，北米の先住民は疫病や虐殺などにより 1920 年には総人口が 40 万人以下に落ちこんでしまった（Macías, 2000；Ricento, 1996）．

（1） ナバホ族のロングウォーク

　ナバホ族のロングウォーク，別名ボスケ・レドンドへのロングウォークは，1863 年と 1864 年のアメリカ政府によるインディアン排除の試みであった．

　The Long Walk of the Navajo, also called the Long Walk to Bosque Redondo, was an Indian removal effort of the United States government in 1863 and 1864.

　1860 年代までに，より多くのアメリカ人が西部へ突き進んだので（参考：ゴールドラッシュは 19 世紀半ば），伝統的な土地の支配権と生活様式を固守するために闘っていたメスカレロ・アパッチ族とナバホ族のますます激しい抵抗

にあった.

By the 1860s, as more and more Americans pushed westward, they met increasingly fierce resistance from the Mescalero Apache and Navajo people who fought to maintain control of their traditional lands and their way of life.

Following the massacre of 30 Native Americans over a horse race dispute, which took place on September 1861, military leaders began drafting plans to send the local Navajo on the Long Walk. Though some officers specifically discouraged the selection of Bosque Redondo as a site because of its poor water and minimal provisions of firewood, it was established anyway.

Soon, 8,500 men, women and children were marched almost 300 miles (480km). Traveling in harsh winter conditions for almost two months, about 200 Navajo died of cold and starvation. The forced march, led by Kit Carson became known by the Navajos as the "Long Walk."

Navajo at the Bosque Redondo, 1866, photo courtesy the Museum of New Mexico
http://www.legendsofamerica.com/na-navajolongwalk.html
(出典:Weiser, Kathy, Native American Legends: Navajo Long Walk to the Bosque Redondo/ Legends of America, updated April 2010).

このひどい計画により選ばれた場所は，インディアンたちにとって文字通り収容所になった．1868 年の条約により，ナバホ族は，空腹とボロボロの服でアリゾナ・ニューメキシコ州境沿いにある自分たちの故郷に帰って行った．集団移住前より土地は大幅に減ってしまったが，彼らは故郷へ帰ることを許された数少ない部族だった．アメリカ政府は彼らに食料と羊を割り与え，数年のうちにナバホ族は家畜の数を倍増し，ふたたび繁栄しはじめた．今日，ナバホ（民族としての）国家は，アメリカで最も大きな部族共同体となっている．

（2）インディアン局（Bureau of Indian Affairs）(BIA)

　The Bureau of Indian Affairs（BIA）は，文献によって「内務省インディアン局（支局）」,「（連邦政府）インディアン局」,「インディアン管理局」,「インディアン問題対策局」などと表される．このインディアン局は，1820 年代にインディアン「保留地」（reservation）管理のために設立された．保留地には BIA の出先機関として「管理事務所」が置かれ，ここへ派遣された白人の管理官が，保留地内のインディアンのすべての行いについて監督・指導するようになった．反抗的あるいは不穏な部族や指導者に対しては軍隊が派遣され，時には虐殺された（インディアン居留地 Wikipedia）．1867 年から 1870 年にいたる「インディアン和平委員会」の調査団の「インディアン問題を解決する有効な手段として学校を建設すべき」だという提言から，連邦政府は政府直轄のインディアン学校制度の発足を目指し始めた（トレナート 1998，斎藤訳）．

2. インディアン寄宿舎学校（Boarding School）

　1886 年のインディアン局（The Bureau of Indian Affairs）は，「子どもたちは，野蛮な方言をなくし，インディアンとしてではなく，アメリカ人として教育されるべきだ」という計画を打ち立てた．北米ではエスキモーの言語を入れて 500 もの言語があったが，彼ら独自の言語を認めず，インディアンの子どもを親元から引き離して Boarding School で英語だけの同化政策を行った．

　寄宿舎学校の利点として，「寄宿舎学校は，①子どもを親元から引き離すこ

とで，インディアンの文化的背景を遮断することができる．②しつけ，マナーを強制的に植え付けることができる．③教育内容を管理統制することができる．」と理由づけた（トレナート 1988，斎藤訳：17）．究極の目的は白人社会への同化を加速するため，インディアンの子どもたちをインディアン居住区と家族から引き離し，部族の伝承と風習を剥ぎ取り，白人の教科になっている工芸を学ばせ，二度と故郷に帰らないようにすることであった（Ricento, 1996）．

これを受けて，子どもたちはインディアン居住区から遠く離れた寄宿舎学校に強制的に入れられ，Tom や Jane などのアングロ・サクソンの名前に改名され，男女共長かった髪を切られ，西洋式の洋服を着せられ，靴を履かされ，そして後にキリスト教も押し付けられた（Edwards, 2004）．今まで自然の中で家族と暮らしていた生活とは全く異なり，連邦政府の寄宿学校では，子どもたちは軍隊のように制服を着せられ，敷地内の学校と寮の行き帰りは軍隊式に行進し，厳しい規律のもと先住民が母語で話すことをいっさい禁止された（Link, 1968）．立案者である騎兵隊の将校リチャード・プラットは不遜にも次のように述べた．「インディアンをわれわれの文明に漬け込む必要があると思う．まず押さえ込み，それに完全に染まるまで浸し続けることです」（本名，1994: 75）．

　　私は寄宿舎学校に行きました．インディアン語を話すと罰せられました．慣れてしまうとそんなに苦にもならなかったものですが，寄宿舎ではわれわれ純血の子はブルーズ（blues）と呼ばれていたのです．なぜなら色が黒かったから．純血の子は肌の色が薄い混血の子よりひどい罰を受けました．私は純血を誇りに思っていました．心の中だけですけど．（By M. McDaniel）

当時のアメリカ・インディアンの親は各部族で子どもの言語教育をきちんと行っていたが，アメリカ政府はそれを認めようとせず，1886 年までに英語以外で行っている教育には資金援助を拒否した（Ricento, 1996）．

異文化に強制的に同化させることが，学校当局者の非情な態度とあいまって，インディアンの子どもの気持ちにプレッシャーをかけ，精神的に不安的

にさせ，中には耐えられずに脱走する者もいた（トレナート 1988，斎藤訳：80）。さらに，あまりにも厳しい母語使用の禁止や厳格な扱い，家族と故郷から離れて住んでいることの孤独で，インディアンの子どもたちは成長してからも心理的トラウマに苦しんだ（Davis, 1996）。英語化はアメリカ政府に対する抵抗を抑えようとする道具として，インディアンの価値観を西洋の価値観と置き換えるのに使われたが，Crawford（1992）は，強制同化は事実上むだに終わり，英語化はインディアンの社会的・経済的な向上にそれほど役割をはたさなかったと結論付けている。それは，英語の能力にかかわらず白人社会に出れば人種という偏見がまっているからだった（本名，1994）。

インディアン局は 1934 年に正式に同化教育を廃止したが，部族の言葉を使うと罰を受けることは 1950 年代まで続いた（May, 2001）。1990 年の国勢調査で，自分のエスニシティはネイティブアメリカンと申告したものは 187 万人おり，そのうち 33 万人（5 歳以上）が部族語を話すと報告した（May, 2001）。その調査で，千人以上の話者がいる部族言語が 26 あるということも判明した（Ricento, 1996）。このように，先住民と 1980 年以前のアメリカ移民は，2～3 世代を経て，英語を話す多数派にうまく融合し同化していったように見えた（Crawford, 1995, p.27）。

寄宿舎学校制について Crawford（1995）は以下のように、英文で述べている（p.27）。

By the 1880s, this policy was institutionalized in the boarding school system established by the Bureau of Indian Affairs (BIA). Under strict English Only rules, students were punished and humiliated for speaking their native language as part of a general campaign to erase every trace of their Indian-ness. A BIA teacher in the early 1900 explained that the schools went on the assumption that any Indian custom was, per se, objectionable, whereas the customs of whites were the ways of civilization. Children were taught to despise every custom of their forefathers, including religion, language, songs, dress, ideas, methods of living (Kneal, quoted in Reyhner, 1992, p.45).

Lieutenant Richard Pratt (1892-1973), architect of the BIA school system, summed up its educational goal in the phrase,
 "Kill the Indian and save the man" (Encyclopedia of North American Indians, 1996)

以下は実際の寄宿舎での体験談である．前述のように身体的かつ精神的な傷を残した体罰は20世紀後半まで続いた．

① I went to boarding school. You were punished if you talked Indian. After you got used to it, it wasn't bad.

　　They called us full bloods "blues" at the boarding school, because we were so dark. The mixed-bloods were real light. They used to point at us in the shower and the matron punished us more than she punished the mixed-bloods. I was proud to be a full blood, but in my own mind. I didn't express it out loud, because it was no use.

　　Our English teacher called us idiots. But I always studied my spelling. If I missed a word, I'd write that word a hundred times.
(McDaniel, M., 1977)

② We were forced and pressured to learn English. We had to struggle. It was confusing and difficult…. Students were punished and abused for speaking their native language. This punishment was inflicted (加えられる) even by Navajo matrons (寮母) in the dorm. If we were caught speaking Navajo, the matrons gave us chores like scrubbing and waxing the floors, or they slapped our hand with rulers. Some students had their mouths "washed" with yellow bar soap…. This shows that even for Navajo adults like the dorm matrons, school was not a place for Navajo to be Navajos. (McCarty, 2002).

10

John N. Choate/Hulton Archive/Getty Images
Top: A group of Chiricahua Apache students on their first day at Carlisle Indian School in Carlisle, Pa. Right: The same students four months later (American Indian Boarding Schools Haunt Many by Charla Bear).

考えよう

自分がアメリカ・インディアンの部族の子どもだと仮定し，アイデンティティ，家族離散，母語や文化の喪失などの観点から，自分がこのような扱いを受けたらどのような気持ちになるのか想像して書いてください。(English or 日本語)

第 2 章　アメリカインディアンに対する言語政策　11

| 確認テスト 1 | American Indians |

(1) 北アメリカ総人口が 1664 年の時点で 75,000 人（内オランダ人は 6,000 人）だったが，当時のアメリカインディアンは北米・中南米を合わせて約_____人ほどおり，_____もの言語が存在していたと言われている．

(2) 1880 年に Bureau of Indian Affairs（訳_____）は，「英語を普及させて，先住民を文明化するよう，子どもたちの野蛮な方言をなくし，インディアンとしてではなく，_____として教育させるべきだ」という_____政策を提案した．この政策を加速させるため，子どもたちを家族から引き離して，体罰を伴った厳しい教育を行った．

その象徴となる施設（英語）_____

そこでの教育の特徴は，
　① （言語に関して）_____
　② （文化・習慣に関して）_____
　③ （アイデンティティに関して）_____

Of his years at Fort Apache, Thomas James remembered: <u>You couldn't expect a great meal before you… All we had to eat at noon were beans and a piece of bread. It was like being in jail. There wasn't even coffee, only water. That is all we ate. The boys I came with began to feel homesick. We were starving.</u> (McCarty, 2002).　（下線部訳）_____
_____

Soldier Blue の一部，裸足の 1500 マイルを見た感想（English or 日本語）
_____
_____

現代のネイティブアメリカンはどんな生活をしていると想像しますか．
_____
_____

> 参考ビデオ

　Soldier Blue（ジェネオン・ユニバーサル・エンターテイメント）
　アリゾナ州フェニックスのハードミュージアム（Herd Museum）にインディアンの寄宿学校の疑似体験ができるコーナーがある．また同市にはインディアン・スクールという同名の通りがある．ネイティブアメリカンの寄宿舎生活を表すDVDはないが，オーストラリアの先住民アボリジニの子どもたちに対する白人化政策を描いた『裸足の1500マイル（Rabbit Proof Fence）』（アットエンタテインメント（株））がある．

> 補足説明

ネイティブ・アメリカン（Native American ネイティヴ・アメリカン）：アメリカ合衆国の先住民族の総称である．「アメリカインディアン」はこの呼称を公式に承認しておらず，彼ら自身は1977年にスイスの国連先住民会議に代表団を送り，満場一致で「我々の民族名はインディアンである」と公式に議決表明している（ネイティブアメリカン Wikipedia）．

第3章

現代のネイティブアメリカン

1. ナバホ語の暗号通信兵

　Boarding School では「English-Only」の政策をとったアメリカ政府だったが，2つの世界大戦中は，インディアンの言葉を重要視し始めた．インディアンの言葉は難解だったので，暗号としてアメリカ軍が目をつけたのだ．ナバホ族の言葉は特に難解だったため，敵国にっとて解読不可能であった．暗号通信兵として特別任務を負ったナバホの暗号通信兵の話は，アメリカ本国でも10年ほど前まで公にされていなかった．

　第1次と第2次世界大戦中，多くのインディアンの言語がアメリカ軍によって暗号として使われ，暗号のほとんどがネイティブアメリカンにより送信や傍受された．チョクトー族は両大戦にかれらの専門的知識を提供し，コマンチ，クリーク，メノミニーズ，オジブウェー族とホピ族がそれぞれ第二次世界大戦に暗号解読士として貢献した．…しかしこれらの暗号は（日本軍に）ことごとく解読されてしまった．

　During World War I and World War II, many Indian languages were used by the U.S. military as secret codes, and most of these codes were transmitted and received by Native Americans. The Choctaws offered their expertise in both world wars, and the Comanches, Creeks, Menominees, Ojibwas, and Hopis all contributed to the effort as code talkers in WWII. Though each of these groups developed a code, they typically kept their communications close to a straight translation of English into their own language. Because the codes were relatively modest all were eventually broken.

しかし、あらゆる敵の努力をかいくぐる暗号があった。1941年にナバホの居留地に長年住んでいたフィリップ・ジョンストンが新しい暗号を思いついてアメリカ軍の通信部隊に近づいた。彼はナバホ語を使うだけでなく、この独特で難解な言語から一連の暗号（語）を考案した（ナバホ族の言語の特徴の一つは文字を持たないことである）。

However, one code resisted all enemy efforts to break it. In 1941, Philip Johnston, a long-time Navajo Reservation resident, approached the U.S. Army Signal Corps with an idea for a new secret code. He proposed not only that the Navajo language be used, but also a set of code words be devised in this unique and difficult language. (Encyclopedia of North American Indians, 1996)

2. 政治・経済にかかわる部族運営

日本に住んでいるわれわれは、アメリカインディアンは過去の遺産のように見がちであるが、2000年のアメリカの国勢調査で430万人（全人口の1.5%）が自分はアメリカンインディアンまたはアラスカネイティブと答えた。430万人中、アメリカインディアンは約240万人になる。現在、彼らは主にカリフォルニア州、アリゾナ州、ニューメキシコ州、テキサス州の4州に住んでいる。人口の多い部族は、チェロキー（Cherokee 30万2,559人）、ナバホ（Navajo 27万6,775人）、スー（Sioux 11万3,713人）、Chippewa（チプワ族 Ojibwaの別称 11万857人）で、現在でも約40%が278のインディアン居住区（reservation 保留地、特別保護区の別称）に住んでいる。

In Census 2000, 4.3 million people, or 1.5 percent of the total U.S. population, reported that they were American Indian and Alaska Native (U.S. Census Bureau) Only about one-third of Native

Americans still live on reservations.

　それぞれの部族は，アメリカ市民として，また部族の一員として，社会的地位や経済的基盤を築いてきた．現在557の部族が連邦に認知されているが，それと同数のnationがあるというのはどういうことだろうか．以下，tribeとnationの違いをみてみよう．

（1）Tribe（部族）とNation（部族連合）の相違
　それぞれの言葉が指す内容は同じだが，tribeはアングロ・アメリカンの言葉で，ネイティブアメリカンたちはnationを使う．この場合nationは「部族連合」と訳すが，これも彼らからしてみればアングロ・アメリカン的見方かもしれない．ナバホネイションの場合を例にとると，「アメリカ連邦政府によって限定的ながら自治権を認められているインディアン保留地であり，ナバホとしてのアイデンティティを持ち，共通の領土認識や親族体系，言語，宗教，伝統的価値観などを共有する人々によって形成された政治的共同体である」（谷本，2008: 70）．

　There is no distinct difference between an Indian tribe and an Indian nation. Before America was settled by Europeans, each tribe was self-governed and operated as a separate nation – with separate leadership, customs, laws, and lifestyles. From time to time, various tribes waged war against each other. It could be argued that "tribe" is an Anglo-American word, but Native Americans will refer to their people as a "nation," such as Cherokee Nation instead of the Cherokee Indian tribe.

　Today, the United States continues to recognize the rights of about 560 tribes to self-govern and supports their tribal sovereignty. These tribes (or nations) possess the right to form their own government; to enforce laws, to tax; to establish membership; to license and zone; and to exclude persons from tribal territories. Tribes are held to the same limitations as states (they don't have the power to declare or engage in war, conduct independent foreign relations, or create their own currency.（Cliffsnotes. com）.

（２） 生活水準と経済的基盤
　アメリカ先住民はアメリカの民族グループの中で最も貧しいとされ，2000年の国勢調査では，アメリカ先住民の4人に1人がアメリカの貧困水準以下の生活を強いられていることがわかる（阿部，2008）.

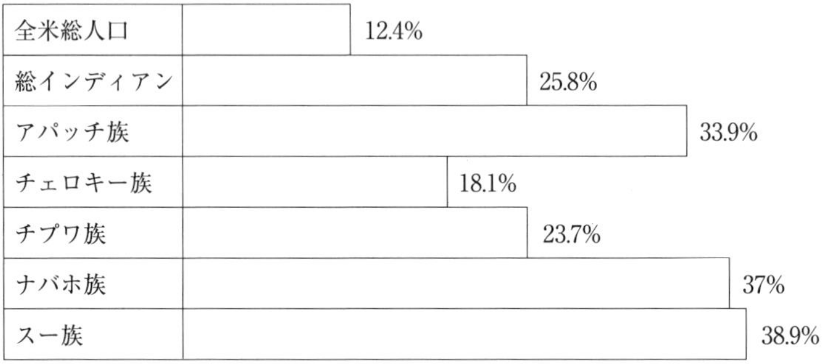

全米総人口	12.4%
総インディアン	25.8%
アパッチ族	33.9%
チェロキー族	18.1%
チプワ族	23.7%
ナバホ族	37%
スー族	38.9%

出典：U.S. Census Bureau（2006）We the People
図1　貧困の割合：1999年

　彼らは部族保留地での生活向上を目指してさまざまな経済開発を行ってきたが，生活水準の向上は十分ではない（青柳，2008）. その1つの打開策となったのがカジノ経営である. 1988年に「インディアン賭け事条例」が連邦会議を通過し，1996年には連邦認知557部族のうち124部族がカジノ経営をし，莫大な利益を手にした部族カジノの事例も多い（青柳，2008: 139-140）. 保留地のカジノに対する評価はさまざまだが，個人的には，静寂な平原に突如現れたぎらぎらしたネオンを初めて目の当たりにした時に，ネイティブアメリカンが大事にしてきた精神的価値観と相いれないのではないかと感じた.

3. 現代の先住民の女性たち (Contemporary Indigenous Women)

　現代のアメリカインディアンの多くは，違和感なくアメリカ社会に溶け込んで生活している．しかし中には，アリゾナ州のズーニー族やニューメキシコのプエブロ族のように，いまだに土を乾かして作った家に住み，外のかまどで調理するなど，基本的には19世紀以前と変わらない生活をしている部族もいる．また医者，学者，芸術家など，専門職を持ってアメリカ社会で活躍しているがそのアイデンティティは深くインディアンの土地（インディアンそのもの）に根付いている女性たちも多い．以下は，コマンチ族の戦士 (warrior) と称する女性のエッセイである．

　Some people say we live in two worlds: one white, one Native. I live in one world; that of a Comanche woman. No matter where I am or who I am with, I filter everything through my Comanche values.

　The main difference I see between the larger society and being Comanche is the value we place on our kinship system. We have a sense of responsibility to one another, and it is reciprocal. Even in the ancient Comanche way, these kinship relationships did not have to be blood kin. The relationships were established and maintained on the basis of what you did for one another. They were based on reciprocity. We even think of animals, the Earth, the Sun, in relational terms, in kinships terms. And when one thinks of others in kinship terms, one has a responsibility for them.

　Within that kinship system and frame of reference, we don't accumulate material wealth for ourselves; we accumulate things so we can do well for others. The more honored and privileged you are, the more you have to give back. It is your responsibility to redistribute what you have. …

　Our young people are trying to figure out how to continue to maintain their traditional values when they live and work away from their communities. It drives me crazy when people say we have to live in two worlds. We can't live in two worlds. …

You can't live one way in a tribal community and then go out of the community and have a totally different set of values. One has to be creative and think about how to continue to hold onto their traditional values, to be sharing, to be respectful no matter where they are.

I was raised by my grandparents, along with my parents. What I learned from my grandmother is that we are not victims. As a proud Comanche girl, I thought I could do anything. I think some of our people have been trapped in a victimization mentality for generations, and they then unwittingly become victims of their own victimization and can't stop the behavior. We are capable people who can do anything we set our minds to do. (Harris, L., 2004, pp.68-69)

　われわれ（現代のコマンチ族）は，2つの世界に住んでいるという人もいる－白人と先住民の（世界である）．私自身は1つの世界に住んでいる．それはコマンチ族の女性として（の世界）である．私がどこに居ようと，誰と居ようと，私はすべてを（まず）コマンチの価値観を通してみる．

　大きな社会（一般のアメリカ社会）とコマンチでいることの主な違いは，われわれはkinship（血族関係）に価値を置いていることだ．我々は相手に責任感があり，そしてそれは相互的だ．古代のコマンチのやり方でも，その「血族関係」というのは必ずしも実際の血縁関係である必要はなかった．その関係は，お互いが相手のためにしてあげたことを基盤として築かれ維持された．それらは相互補助で成り立っていた．われわれが親戚関係とか血族という時は，動物や地球や太陽までも考慮に入れた．ある人が他の人たちを血族関係とみなせば，その人は彼らに対し責任が生じる．

　そのような血族関係とその関連からすると，自分たちのために富を蓄えるのではない．つまり富は他の人のために役立つように蓄えるのだ．コマンチ族の

社会は大変単純である．より尊敬され権威のある者は，よりたくさんお返しをしないといけないのだ．自分の所有物を再配分する義務があるからだ．

Images of Native Americans in the modern day
（Modern social statistics of Native Americans from Wikipedia, the free encyclopedia）

4．部族語の復活と維持

　言語と文化は切っても切り離せないものである．アメリカインディアンの子どもたちに対する「Boarding School」という形の言語政策は，インディアンのこどもの言語を取り上げるだけでなく，彼らの文化も破壊してしまったと言っても過言ではないだろう．アメリカ政府は，1990年と「アメリカ先住民族言語法」（PL101-47）とそれに関連した「1992年アメリカ先住民族言語法」（PL102-524）法案を発布することで，民主的にアメリカインディアンの言語権を再認識しようとした（山本昭，2002: 295）．
　図2は2000年の国勢調査から，5歳以上を対象に，家庭言語が英語だけの場合と部族語の割合を表したものである．
　3番目に人口の多いナバホ族の例をとると，2003年の総人口27万7,000人中，24％が高卒，10％が短大か大学に通った経験があるが，2％しか学位をとっていない（全米全体の大卒以上は24.4％）．低い数字にもかかわらず，6万人の子どもたちが，ナバホネーションに240ある学校で義務教育（K-12：幼稚園から高校12年生まで）を受けている．

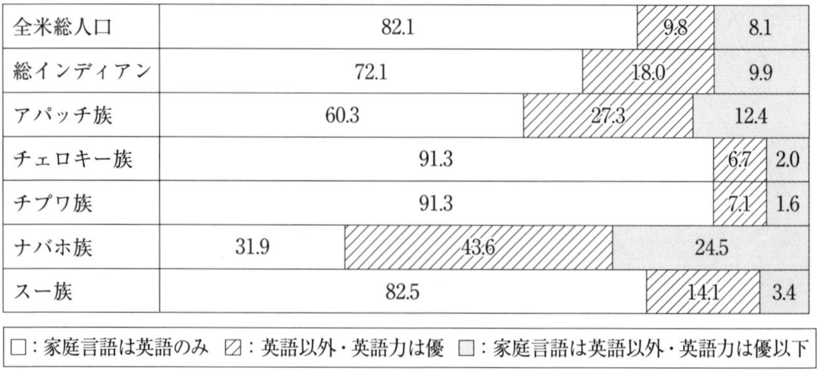

全米総人口	82.1	9.8	8.1
総インディアン	72.1	18.0	9.9
アパッチ族	60.3	27.3	12.4
チェロキー族	91.3	6.7	2.0
チプワ族	91.3	7.1	1.6
ナバホ族	31.9	43.6	24.5
スー族	82.5	14.1	3.4

□：家庭言語は英語のみ　☒：英語以外・英語力は優　□：家庭言語は英語以外・英語力は優以下

出典：U.S. Census Bureau（2006）We the People

図2　家庭言語と英語能力

According to the most recent available statistics, 24% of the Navajo population has graduated from high school, 10% have attended some college courses, and only 2% have earned a bachelor's degree. Despite these relatively low figures, Navajo children's attendance at school is now near universal. Approximately 60,000 Navajo children attend some 240 K-12 schools both on and adjacent to the Navajo Nation (Lee & Mc Laughlin, 2001, p.27).

At the risk of overgeneralizing it is safe to say that the use of Navajo has become concentrated among Navajo adults, and that Navajo language use is decreasing among children and youth and being replaced by English（p.36 ）

　数年前に，ナバホの言語を保存推進グループの人が集まって，ナバホ語を保存するために，個人，ペアー，家族，共同体で出来る活動のリストを作った．以下がそのリストの上位を羅列したものである．

What one person can do

1	If you are a speaker of the native language, encourage others to take the initiative to help non-speakers learn. They must also not make fun of people struggling to learn.
2	Use existing language learning materials to teach and learn the native language.
3	Utilize taped stories to teach and learn the native language.
4	Create your own teaching and learning tapes, dialogues, and materials with the help of native speakers.

What pairs of persons can do

1	Utilize immersion language teaching and learning techniques, i.e. the native speaker provides understandable input, the learner uses whatever native language he or she can as well as English if necessary.
2	Develop a 'contract' between speaker and non-speaker that stipulates where and when to use the native language.
3	Utilize one-on-one researching and interviewing techniques to generate teaching and learning materials.
4	Use exchanges of letters, tape, and other learning materials to learn and teach the native language.

What families can do (out of 8)

1	Help individuals and families resolve the 'shame issue', i.e. the shaming of non-speakers and limited speakers who must struggle to learn the native language.
2	Encourage family gatherings that focus on language teaching and learning activities.
3	Organize family-based weekend language immersion activities.
4	Encourage families of speakers in culturally appropriate ways to help families of non-speakers learn the native language.

What communities can do (out of 12)

1	Encourage elders at senior citizens centers and other similar organizations to interact with and promote native language teaching and learning for younger groups of non-speakers.
2	Put up signs in the native language in different community settings (make sure they are written in standard form).
3	Develop programs for parents of children in bilingual programs; they, too, need to learn and utilize the native language.
4	Encourage individuals and organizations to explore teaching methods that will work in their communities.

出典：(Lee, T. & McLaughlin, D., 2001)

確認テスト2　現代のネイティブアメリカン

(1) コードトーカーとは，_____大戦中にアメリカ軍の通信部隊で使われた，_____族の暗号解読者のことを指す．彼らの言語は_____という特徴を持つ．

(2) 現在，アメリカは560のインディアン部族の自治権を認めている．この部族 (tribe) という言葉は_____によって使われているが，インディアンたちは，部族ではなく_____という言葉を用いている．

(3) 2010年でも，総数177万人中，その約4分の1のネイティブアメリカンが，278カ所に点在する_____に住んでいる．

(4) 保留地カジノに関して，あなたは賛成ですか反対ですか．それはなぜですか．
_____

(5) (extra points) アメリカインディアンと黒人（奴隷）とはどのような点がどのように違うと思うか（想像するか）．

推薦 DVD

Windtalkers（20世紀フォックス映画）
"Windtalkers" と呼ばれるナバホ族の暗号通信兵とイタリア系アメリカ人兵士の友情と過酷な運命を描いたもの．

Smoke Signals (Miramax Films)
VictorとThomasという2人のインディアンの若者が父親の死を通して家族・人生・インディアンとしてのアイデンティティーを考えていくインディアンの現代版（1998年）ストーリー．

> 補足説明

インディアン居住区：2006年現在，アリゾナ州では85のインディアン居住区がある．そのほとんどは住所にreservationという言葉を使っている．例：Bird Springs Reservation, Cooper Mine Reservationなどである．

第4章

黒人奴隷とジムクロウ法

1. 黒人奴隷

バージニア植民地で17世初頭にアフリカ人を奴隷として取引した記録がすでに紹介されている．奴隷制度を採用していたアメリカ南部において，彼らは生涯労役する家畜同様の動産＝財産とみなされ，主として綿栽培に従事する耕作奴隷として働かされた（松岡，2006）．南部で成立した奴隷制の特徴は，奴隷を黒人という人種に割り当てた点にある．この奴隷制は19世紀半ばまで続いた．リンカーン大統領（1860年共和党から当選）が南北戦争中（1861〜65年）に出した奴隷解放宣言（1865年制定の憲法修正13条）により廃止され，400万人近くの黒人が奴隷身分から解放された．しかし，奴隷制が廃止されても，黒人の状態はそれほど改善されず，逆にしばりが強固になった（以上，松岡，2006: 1-2）．具体的には，1880年代から1960年代まで，生活習慣の中で黒人の権利や自由を厳しく制限するジムクロウ法（Jim Crow Laws）と呼ばれる法律が1960年代の公民権運動（Civil Rights Movement）まで続いた．

以下は，Alex Haleyが1976年に書き下ろした『Roots』の一節である（1976: 196-197）．

Just after the seventh morning gruel（おかゆ），two toubob（白人）entered the barred room with an armload of clothes. One frightened man after another was unchained and shown how to put them on.

第4章　黒人奴隷とジムクロウ法　*25*

One garment covered the waist and legs, a second the upper body. When Kunta put them on, his sores - which had begun to show signs of healing - immediately started itching.

　Struggling vainly to understand what was being said, Kunta listened uncomprehendingly to the strange cries: Fit as a fiddle! Plenty of spirit in this buck!" And at brief intervals other toubob would interrupt with loud exclamations: "Three hundred and fifty!" "Four hundred!" And the first toubob would shout: "Let's hear six! Look at him! Works like a mule!"

　Kunta shuddered with fear, his face running with sweat, breath tight in his throat. When four toubob came into the room - the first two plus two others - Kunta felt paralyzed. …A blow（from a club）against his head made it seem to explode.

Four generations of a slave family photographed during the Civil War, Smith's Plantation, Beaufort, South Carolina, 1862（Slavery in the United States From Wikipedia, the free encyclopedia）
http://upload.wikimedia.org/wikipedia/commons/e/e0/Family_of_African_American_slaves_on_Smith%27s_Plantation_Beaufort_South_Carolina.jpg

"Just picked out of the trees!" The shouting one was standing on a low wooden platform with hundreds of other toubobs massed before him. "Bright as monkeys! Can be trained for anything!" "Top prime-young and supple!" the toubob shouted.

確認テスト3　Roots 単語テスト

(1) barred room
(2) garment
(3) sore
(4) itching
(5) struggle
(6) vainly
(7) uncomprehendingly（ヒント：comprehend 理解する）
(8) mule
(9) breath tight in one's throat
(10) paralyze
(11) blow of a club
(12) "Just picked out of the trees!" というのは誰をどのように表現したものか．
(13) "Bright as monkeys! Can be trained for anything!" の訳と，What is your opinion about this?

---

2. ジムクロウ法（1880～1960年代）

アメリカ同様にブラジルも過去においてアフリカ人奴隷に労働力を依存した時代があった．アメリカもブラジルもそれぞれの法律はニグロを劣等なものと規定したのである．しかしながらアメリカの場合は，この法律と習慣は持続され，時がたつにつれて強化された（デグラー，1986: 228）．のちの憲法修正第14条の制定と，若干の北部諸州による公民権法の可決のあとでさえ，黒人にたいする隔離と差別は，ジムクロウ法の下で合法的になり，日常生活の細部

第4章　黒人奴隷とジムクロウ法　27

にいたるまで制約を受けた（デグラー, 1986: 228）. たとえば, 黒人を公共の場から排除することや, 学校・バスや列車など, あらゆる施設を白人と黒人用に分けて徹底した差別化を図った（Jim Crow とは, 黒人に扮した白人のバラエティーショーに出てくる黒人役,「くろんぼう」のように侮蔑的な呼び方である).

Under Jim Crow laws, Southern states could legally ban blacks from mixing with whites in train stations, movie theaters, restaurants, hotels, and other public facilities.（出典：Jim Crow Laws: New World Encyclopedia）

（出典：Jim Crow Laws: New World Encyclopedia）

以下はジムクロウ法の例である.

Nurses: No person shall require any white female nurse to nurse in wards (病棟) or room in hospitals, either public or private, in which negro men are placed. *Alabama*

Intermarriage: The marriage of a person of Caucasian (白人) blood with a Negro, Mongolian, Malay, or Hindu shall be null and void. *Arizona*

Burial: The officer in charge shall not bury, or allow to be buried, any colored persons upon ground set apart or used for the burial of white persons. *Georgia*

Education: The schools for white children and the schools for Negro children shall be conducted separately. *Florida*

Separate schools shall be maintained for the children of the white and colored races. *Mississippi*

(出典：Martin Luther King, Jr. National Historic Site Jim Crow Laws).

確認テスト4　ジムクロウ法

Jim Crow Laws
Crow の一般名詞の意味 ＿＿＿＿＿＿＿＿
Jim Crow とはどんな character を表していたか. ＿＿＿＿＿＿＿＿
What kind of laws were Jim Crow Laws?
(Japanese or English)

＿＿＿＿＿＿＿＿＿＿＿＿＿＿＿＿＿＿＿＿＿＿＿＿
＿＿＿＿＿＿＿＿＿＿＿＿＿＿＿＿＿＿＿＿＿＿どの Jim Crow laws
が自分にとって信じられないものだったか. Add your opinions, too.
＿＿＿＿＿＿＿＿＿＿＿＿＿＿＿＿＿＿＿＿＿＿＿＿

　人種分離制度に対して，まずはアメリカ政府が改革の急先鋒となった．トルーマン大統領は行政命令（1948年）を出して，軍隊での差別を禁止した．その後1954年に最高裁が出したブラウン判決は，公の教育現場での人種分離

制度を違憲とした（松岡，2006: 4）．しかし，その問題を連邦政府が解決すべき課題から市民レベルの運動（Civil Rights Movement 公民権運動）として率いたのが，Dr. Martin Luther King Jr. であった．この運動の火種になったのは，アラバマ州モントゴメリー市で白人に席を譲る法律に逆らって席を譲らないで逮捕された Mrs. Rosa Parks の事件（1955年）であった．キング牧師は指導者として1年間にわたりバス・ボイコット運動を繰り広げた．この運動の反対派の白人グループと激しい対立を引き起こしたが，1963年8月に20万人が参加したワシントン大行進がこの運動の頂点となった（以上，松岡，2006: 4）．

　1964年と1965年に公民権法と投票権法が制定され，投票権を得た黒人たちは政治的な力をつけていった．2000年国勢調査では，全人口の12.3%にあたる3,400万人以上が「黒人またはアフリカ系アメリカ人」という人種区分を選択した．しかし，「祖先の出身国またはエスニシティ（ancestry or ethnic origin）」では「アフリカ系アメリカ人」と答えた者は約2,500万人いたが，「黒人」という枠組みにはジャマイカやナイジェリアという出身国をあげたものが含まれていないことを考えると，この2,500万人は奴隷制のもとにあったアフリカ系の子孫と考えてもよいだろう（江成，2008: 197）．

King is most famous for his "I Have a Dream" speech, given in front of the Lincoln Memorial during the 1963 March on Washington for Jobs and Freedom
（出典：Wikipedia, the free encyclopedia）．
http://upload.wikimedia.org/wikipedia/commons/8/81/Martin_Luther_King_-_March_on_Washington.jpg

名称に関して言うと，奴隷当時，黒人たちは蔑称で「ニグロ（Negro）」と呼ばれていたが，黒人の力が上がってきた70年代前半には，社会的な人種区分を反映した「黒人（Black）」が使われ，最近ではエスニック・カテゴリーからアフリカ系アメリカ人（African American）と呼ばれている．

表1は，テキサス州（主にオースティン）とカリフォルニア州（主にサンフランシスコとオークランド）の奴隷の子孫226人に，自分たちがどのように呼ばれたいかと調査した結果を表す．

RはRespectful（敬意を表する＝そう呼ばれたい），DはDisrespectful（失敬な＝そう呼ばれたくない）　例：51/3　51人はそう呼ばれたいが3人はそのように呼ばれたくない．

表1　年齢別にみた呼称の好き嫌い

呼称 R/D	12-17歳 計44人	18-34歳 計62人	35-55歳 計80人	56歳以上 計40人
African Americans	32/0	32/0	67/5	22/7
Afro-Americans	41/0	59/3	73/2	38/2
Blacks/black people	44/0	62/0	58/18	18/16
Brothers	18/0	28/0	3/0	0/0
Colored (people)	7/23	4/47	23/39	26/9
Negroes	9/31	6/49	23/50	27/12
Niggers	0/44	0/62	0/80	0/40

出典：Baugh J. (1999) p.89

表1から，全員が蔑称のNiggersと呼ばれるのを嫌い，1970年代から出てきたBlacksや1990年代のAfrican Americanは若い世代にはより受け入れられやすいことがわかる．

> 推薦DVD
>
> 奴隷や黒人に対する差別を扱ったもの．以下5つ
> ① Roots（ABCテレビ），② The Color Purple（ワーナーブラザース），③ Resting place（コンマビジョン），④ タイタンズを忘れるな（ウォルトディズニースタジオホームエンターテイメント），⑤ Mississippi Burning（ソニー・ピクチャーズエンターテイメント）

第5章

アフリカン・アメリカン英語（Ebonics）

　世界には約4,000〜5,000の言語があり，その間に方言がある．言語的価値の高いものは言語（language）と呼ばれ，地域と社会的位置づけが低いものが方言（dialect）と呼ばれている．しかし，なにが方言でなにが言語なのかという絶対的な基準はない．たいていの場合，家庭言語（home language）と学校言語（school language，すなわちstandard language 標準英語）は互いに理解できるが，そうでない場合も多い．

　多くの黒人の家庭では，学校言語とは異なるEbonics（エボニックス Ebony + phonics）という黒人英語の変種が今でも話されている．この黒人英語が出てきた要因には二つの言語政策（language policy）が関係している．

　Ebonicsは1975年に，Robert Williamsが造り出した言葉である．Ebonics（Ebony 黒檀 + phonics）はアフリカの離散によってもたらされたアフリカ－ヨーロッパ言語の混合全部を指している．例えば，Haitian Creole, Jamaican Creole, West African Pidgin 英語まで含むので．広くはAfrican American Language（AAL）あるいはAfrican American Vernacular English（AAVE）と呼ばれるアメリカの黒人英語は，正確にはUS Ebonics（USEB）と呼ぶ方が正しい（Lanehart, 2010; Smitherman, 2005）．

1. エボニックスが出てきた背景

　このような黒人独特の英語が発達した背景にはいろいろな原因が考えられる．アフリカ言語の影響（Niger-Congo African Language）や初期のアメリカとイギリス英語，あるいは西アフリカ言語のクリオールの名残とも考えられる．しかし，最大の原因は，黒人奴隷の言語に対する抑圧を目的とした植民地の歴史で最初の言語政策である（Wiley, 2005）．たとえば，サウス・キャロライナ州では1740年にNegro Actと呼ばれる新しい奴隷条例を通した．

　Blacks were prohibited from learning how to read and write, and were not permitted to assemble with one another (Slavery in America). Blacks in violation of these provisions were subject to flogging.

（以下，wiley, T. G., 2005, p.14）

　One major problem with all such restrictive proposals is that they deny the history and the legacy of linguistic operation that was imposed on the ancestors of today's speakers of Ebonics. They ignore the brutal policies that actually led to the creation of African American varieties of language. Those policies were not merely restrictive, they were repressive. ①<u>In fact, the very first language policies in our colonial history forbade, under the threat of the severest of punishments, African peoples from using their native tongues</u>. ②<u>Parents were not allowed to transmit their African languages to their children</u>. In a defiant, but creative, response to that oppression, ③<u>African American varieties of language were developed</u>.

　The next major repressive policy that targeted African Americans was initiated in colonial times and then carried forward until the end of the Civil War. ④<u>These policies were called compulsory ignorance

第5章 アフリカン・アメリカン英語（Ebonics） *33*

(or illiteracy) laws (see Weinberg, 1995). They were incorporated into the colonial slave codes and were adopted later in the southern states. ⑤These statues made it illegal for enslaved Africans to learn to read in English, and made it illegal for any whites to assist them in the endeavor. Punishments were severe for any who were caught attempting to learn or teach.

（①の訳）実際，植民地の歴史でまさに最初の言語政策となったものは，＿＿＿＿＿＿＿＿＿＿＿＿＿＿＿＿＿＿＿＿＿＿＿＿＿＿＿＿＿＿＿＿

（②訳）奴隷の両親は＿＿＿＿＿＿＿＿＿＿＿＿＿＿＿＿＿＿＿＿＿＿＿
その圧制に対して，反抗的ではあるが創造的な反応として，
（③訳）＿＿＿＿＿＿＿＿＿＿＿＿＿＿＿＿＿＿＿＿＿＿＿＿＿＿＿
アフリカンアメリカを標的とした次の主要な抑圧的な政策は，植民地時代（colonial times）に着手され，(1865年)南北戦争（the Civil War）が終わるまで推し進められた。④これらの政策は強制的無知法（compulsory ignorance (or illiteracy) laws-黒人に読み書きを禁止する法律）と名づけられている。これらは植民地の奴隷法（slave codes）に組み込まれ，後に南部の州で取り入れられた。⑤これらの法令（statutes）は，＿＿．

以上の言語政策のほかに，この英語の変種が維持された理由は，奴隷解放以降20世紀中ごろまで，南部から北部の工業地帯に大量に移住した黒人たちが，自分たちと一緒に，独特のスピーチパターンを持っていったからである。都市部（北部の工業地帯：シカゴ，ミルウォーキー，デトロイト）や，東海岸沿い（ワシントン D. C.，フィラデルフィア，ニューヨーク）へ大量に移動した黒人たちは，特定の居住区に隔離されるように住むようになった。多くの他の白人移民はその地域の方言に染まっていったが，黒人たちはゲットーと呼ばれる貧困に窮した密集した居住区で，黒人英語（AAVE）を維持してきた（Baugh, 1999）。「北部の各都市に南部のムラが再現した。ムラが形成された

のは，北部の白人は黒人の流入に伴う地価の下落を恐れて，時には高層住宅などを建て，また時には市条例を制定して合法的に，黒人を狭い空間に隔離したためである」(松岡，2006: 9)．ゲットーは貧困層や犯罪の温床と見られている反面，相互扶助的機能を持つ社会としても機能していた．

2. エボニックスの特徴

　US Ebonics は，標準英語（standard English）を話す人たちからは批判的にみられ，人種偏見と相まって，様々な偏見を生み出す結果になった．多くの標準話者は，エボニックスを話すものを，無知，怠け者，知的能力に欠けるとみなし，このような英語の変種はきちんとした言語ではなく，英語の質の落ちた形であり，それを話す人たちは文明化されていないので，標準英語を間違えてあるいはいい加減に言っている，と批判的に見がちである（Baugh, 1999）．

　一方，言語学者の中には，エボニックスは音声学，形態論，構文論，意味論，実用論的な要素を持つ言語システムで，その多くの特徴は他の英語の方言と共通点が多いと述べる者もいる（Ahearn, 2012）．つまり，エボニックスはいい加減な英語でも，だらしない話し言葉（sloppy speech）でもないと彼らは主張しているのである（Smitherman, 2005）．

　エボニックスの主な特徴は表2の通りである．

　このような言語的特徴は，同じ黒人でも，社会階層が低いほどより顕著に表れる．たとえば，isとかareの連結動詞を省略するのは，下層労働者階級で57%，上層労働者階級は37%，下層中流階級は11%，上層中流階級は5%である（Rickford, 2005: 24）．

　黒人英語の例をマーク・トウェインのハックルベリーフィンの冒険から，逃亡している黒人奴隷のジムと貧しい家庭出身の白人少年ハックとの会話を練習してみよう（Adventures of Huckleberry Finn by Mark Twain p.98）

"Hello, Jim, have I been asleep? Why didn't you stir me up?"
"Goodness gracious, is dat you, Huck? En you ain' dead–you ain't

drownded-you's back agin? It's too good for true, honey, it's too good for true. Lemme look at ye feel o' you, chile, lemm feel o' you. No, you ain' dead! you's back agin, 'live en soun', jis de same ole Huck-de same ole Huck, thanks to goodness!"

"What's the matter with you, Jim? You been a drinking?"

"drinkin'? Has I ben a drinkin'? Has I had a chance to be a drinkin'?"

表2 エボニックスの特徴

Be 動詞 習慣として 使う	例 He be singin. He be talkin when the teacher be talkin. They usually be tired when they come home. (x) They be tired right now. 習慣を表すので，このような使い方はしない．
to be の省略	She happy. He up in there talking that now.
二重否定	・I can't get nothin' from nobody. ・I ain't never seen nobody. ⊛シェイクスピアも頻繁に使い，当時は教養があると思われた（Ahearn, 2012）
最後の子音 が落ちる	left → lef' old → ol'
その他	ask → aks, I BEEN drinkin' coffee. Do they be playin all day?

3. エボニックス論争

1996年12月に，カリフォルニア州のオークランド教育委員会で，エボニックスを第二言語と認め，エボニックスを使って標準英語を教えるオークランドの試みが議決された．

アメリカで育ったものは，人種問題（racial relations）が社会問題の核にあることは認めている．Inner city（アメリカで大都市の中心の低所得者が住む地域）では高い貧困率と犯罪率，刑務所入所率の高い割合，家族の崩壊と住宅

の劣化が見られる．教育に関しては，教育向上の障がいになっているのが，黒人英語の不適当さ（inadequacies of African American language）だと，ほとんどの教育者が認めている（Baugh, 1999）．

たとえば，1996 年に，カリフォルニア州オークランド地区にある全5万1,706 人の53%が黒人生徒で，彼らの成績の平均が「C⁻」だった他，停学者の80%が黒人だった（Rickford, 2005）．表3は富裕層の多いパロ アルト（Palo Alto）と，そこからハイウェイを隔てたところにある貧困層の多いレイブンウッド（Ravenwood）の学校の成績比較である．

表3　カリフォルニア州学力テスト（1990 年）

小学校		パロ アルト	レイブンウッド
3 年生	リーディング	（正答率）96%	16%
	ライティング	94%	21%
6 年生	リーディング	99%	3%
	ライティング	99%	3%

出典：Rickford, 2005, p.31-32

オークランドの試みは教育界の注目を引いたが，誤解も生んだ．一番誤解された点は，先生側がなぜ黒人生徒に合わせてエボニックスを習わないといけないのかという点であった．しかし，実際には先生たちはエボニックスを習ったわけでなく，エボニックスに理解を示そうと訓練を受けただけである．たとえば，先生が模範になるように，生徒が"He be takin' my pencil."と言った時に，先生が"He is taking your pencil?"と標準英語に導いていくというものだった．標準英語への移行はゆっくりと，子どもの黒人英語の価値を低めることなく行われることになっていた．先生たちはまた，黒人英語が使われている物語や，African American の歴史や文化に触れて理解を増すワークショップなどに参加した（Chang, 1998）．

4. エボニックス 論争その後

　エボニックスを第二言語として教育委員会が認めることで，ヒスパニックを代表とする言語少数派が受けていた二言語教育の恩恵に預かることができた．つまり，多額の援助を受けることができたのだが，結局教育的には効果がなかった．1998年の時点で，ロスアンジェルスでは，9万4,000人いる黒人の生徒の半分しか恩恵を受けていない上，学力テストでは援助を受けていない生徒と同じくらいひどい点数だった（Chang, 1998）．また，10年後の2007年でも，学力の低下に関してはほぼまったく解決に至っていなかった（Baugh, 2008）．マスコミの注目をあびたことは評価に値すると総括している者もいる（Ahearn, 2012）．

　2002年に二言語使用教育法は34年の論争に幕をとじ，教育改革案法「落ちこぼれゼロ法（No child left behind）」に代わった．二言語教育法（the Bilingual Education Act）は英語習得法（the English Language Acquisition）に名称変更され，子どもたちを英語だけの教育（English-only Education）にできるだけ早く推し進めるため，バイリンガルという言葉はほぼ汚い物として扱われるようになった（"Bilingual" has become almost a dirty word in educational circle）（Potowski, 2010: 13-14）．二言語使用教育のための全国情報センター（NCBE）は英語習得と言語指導教育プログラム（NCELALIEP）になり，全国学力テストの成績不良の学校には厳しい措置がくだされるという決定がなされた．William（1973）の研究では，学力テストの標準英語をエボニックスに書き換えた方が，ゲットーでは点数がよかったという結果が出ているが，それも現実にはできないので，都市部の黒人生徒には不利になるばかりである（Baugh, 2000）．

　2010年のオークランドの黒人生徒の成績と停学状況は表4の通りである．

　その他，オークランド地区の黒人男子学生の5人に1人が常習的に18日以上学校を休んでいるという結果が出ている．Smitherman（2005）は，アフリカン・アメリカンが学校に長くいればいるほど，どんどん落ちこぼれていると

表4　オークランドの黒人生徒の成績と停学率

成績（正答率）	黒人男子生徒	黒人（男女）生徒	白人男子生徒	地区平均
英語	27%	31%	80%	41%
数学	30%	30%	77%	44%
停学	18%	データなし	3%	8%

出典：Murphy, K.（2011）

いう結果がでていると述べている．

　2008～2009年の公立大学の卒業生の割合は，白人の卒業生が57%，黒人が36%だった．2010年の貧困家庭調査では，18歳以下の生徒（1,640万人）の22%が貧困層にいた．そのうち黒人は，白人の12.4%，ヒスパニックスの35%を超えて，481万人（38.2%）を数えた（U. S. Bureau of the Census, 2010）．

5. 教育・文化・アイデンティティ・経済力との関係

（1）　教える側と教わる側の意見の相違

　大都市の中心部（inner city）の学校で教える先生に関しては，経験不足やほとんど教育実習を受けていない先生が多く，良い先生が来ないとの声がある．一方，先生の方は，給料が他のところと比べて少なく，授業準備に時間がかかるのに残業手当がでない，クラス内に本棚や本がないなど学校と学区の環境が悪いという不満を持っている．

　エボニックスを話す黒人の親からすると，先生はエボニックスに対して否定的な態度をとる．子どもに対する期待度が低いせいか，白人ではない子どもたちには，将来性や潜在能力を評価するような点数をつけない．それゆえ，黒人の子どもたちは，人種と言語という二つの点から，二重に否定的な扱いを受けているという不満を持っている（Rickford, 2005: 25）．親は，自分たちの子どもが平等な教育の機会の恩恵を受けているのかと懐疑的になっている，なぜなら，学校の先生や警察官と話すときにもっとも差別的感情を感じるからだと言っている（Baugh, 1999）．

Chang (1998) は，黒人生徒の成績が悪いのは，彼らが標準英語にあまり価値を持っていないことが原因かもしれないと分析している．彼らにとって，黒人英語は "It's the way the cool kids talk. It's the way everyone wants to talk"（カッコよい子たちがカッコよく話している，遊び場や街では権威のある言葉）なのである (Chang, 1998).

また，黒人英語は口承伝統として，教会で祈りをささげる時の掛け合い，ゴスペル音楽，ヒップホップなど，社会的な場の中で口承的に使われてきた．人種と言語がハイブリッドのように織り交ざって，社会的役目とアイデンティティの面で機能している．最近では白人がヒップホップで黒人英語を取り入れている (Aherarn, 2012). エボニックスを話すものにとって，エボニックスは非常に大事な私的・社会的なものでもあり，文化的・精神的なよりどころとなっているのも事実である (Lanehart, 2010; 347).

以下 Baugh (1999) がインタビューした黒人女性のコメントである．

> All my teachers in school kept tellin me, "If you don't speak proper, you won't get a job." That's bullshit! I know some Brothers that went to college - y' know, they did the "white thing," with good grades and good English, and they still have problems on the job. They done tol me about this Brother who did all the work for a white boy at his job, and then they (the Whites) lied on his ass when the boss found out and he was fired, and nobody tried to help him. How can you trust them that do shit like that, and then they say we stupid cause we don't talk proper. Talkin proper don't feel natural to me, but that don't make me stupid - I see what's going on, and I see what's comin down, and it ain't got nothing to do with how we talk. It's all about money, power, and politics-plain and simple! (p.5 一部変更)

（2） 経済力との関係

上記の黒人女性が「（世の中の動きは）わたしらの話し方とは何の関係もないんじゃない．全部お金，権力，政治なんだよ．あきらかで単純なことさ」と言っているように，エボニックス自体が問題ではなく，それが教育や収入にも

表5　2010年に貧困家庭の子ども（18歳以下）

カテゴリー	人数（1,000人単位）	パーセント
18歳以下のすべての子ども	16,401	22.0
白人のみ，非ヒスパニック	5,002	12.4
黒人	4,817	38.2
ヒスパニック	6,110	35.0
アジア人	547	13.6

たらす影響が問題となるのである．

　2010年の調査では，1,640万人のこどもたちのうち，22%が貧困層にいたが，最も多いのが黒人のこどもたちで，38.2%が貧困層だった（表5）．

SOURCE: U.S. Bureau of the Census, Income, Poverty, and Health Insurance Coverage in the United States: 2010, Report P60, n.238, Table B-2, pp.68-73.

　エボニックスはあくまで教育や社会言語学の中で便宜上使われているもので，黒人自身が「I speak Ebonics」とは言わない．すべての黒人がエボニックスを話すわけではなく，エボニックスを話す人でも，教育程度が高く中流以上にいる黒人は多い．しかし，上記の表からもわかるように，経済的なハンディキャップは人種（この場合は黒人）と言語との相関関係にあり，エボニックスを話すこどもたちが，アメリカ社会の底辺から抜け出せないというスパイラルに陥っていることが容易に想像できる．

第5章　アフリカン・アメリカン英語（Ebonics）　41

| 確認テスト5　エボニックスと異った視点 |

　黒人奴隷たちは，アフリカの言語（自分達の母語）を話すことも，こどもにそれを伝えることも禁じられた上，強制的無知法で読み書きを禁じられた結果，エボニックスと一部称される黒人英語を発達させてきた．それが現代の学校教育でどのような弊害を生んでいるか．

標準英語で教育しようとする側の視点

_____
_____
_____
_____
_____

エボニックスを話す側からの視点

_____
_____
_____
_____
_____

(推薦DVD)

Nightjohn　（Signboard Films）
奴隷の言語政策の様子がよくわかるDVD．

(補足説明)

カリフォリニア州教育委員会のデータには，人種別と性別はあるが，人種と性別の両方の相関関係を示したものは報告されていない（表4　p.38）．

第6章

プエルトリコ人は移民かアメリカ市民か？

1. ヒスパニックに関する基礎知識

（1）ヒスパニックとは？

　ヒスパニックは英語では Hispanic，スペイン語では Hispano（na）イスパーノと発音し，メキシコやプエルトリコ，キューバなど中南米のスペイン語圏諸国からアメリカに渡ってきた移民とその子孫をいう．

　Any citizen of those countries originally colonized by Spain can be considered Hispanic. People from Mexico, El Salvador, Guatemala, Panama and other areas south of the American border would all be considered Hispanic.

（2）ラティーノ（Latino）とは？

　ラティーノは，カリブ海を含む中南米諸国の，スペイン語もしくはポルトガル語を公用語とする国の出身者とその子孫を指すが，アメリカでは，アメリカ在住のスペイン語圏出身者とその子孫を指す．ラティーノは人種（race）ではなく，出自，文化，言語などを共有する ethnicity を表すグループである．なぜなら，人種は肌の色，髪の質など肉体的な特徴に基づき，白人，黒人，黄色人種のように分類するが，ラティーノの中には黒人も白人もいれば混血も多いからである．それは歴史上，スペインがカリブ海と中南米の多くの国ぐにを植民地としたからである．言語はスペイン語が定着し，宗教もスペインの影響

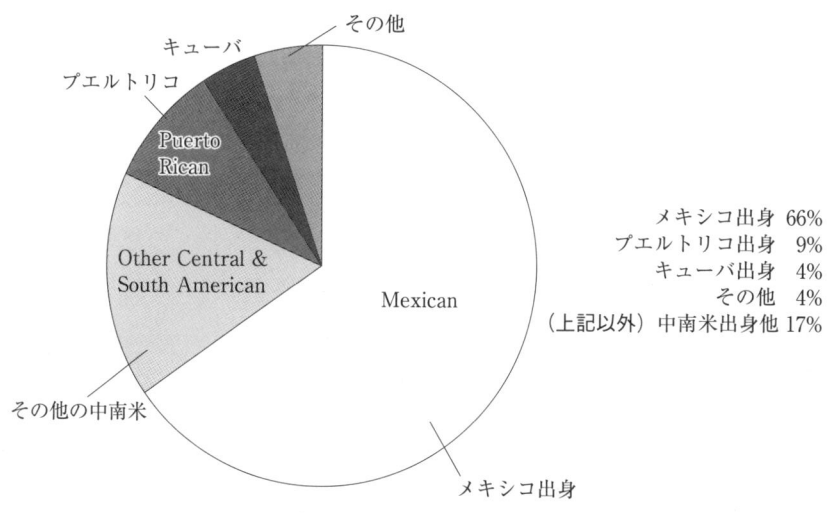

図3　出身地別アメリカのヒスパニック人口
（出典：Hispanics-A Statistical Portrait）

メキシコ出身　66%
プエルトリコ出身　9%
キューバ出身　4%
その他　4%
（上記以外）中南米出身他　17%

でキリスト教信者が圧倒的に多い．大衆文化（音楽や食など）は，それぞれの国や地域従来のものに，スペインとアフリカの要素が加わり，各国で独特なものが生まれた（ラティーノ‼米国最大のマイノリティ http://www.nybct.com/zz01-latino-what.html）．

しかし，多様なラテンアメリカからの移民およびその子孫を「ラティーノ」という1つの集団でとらえ，「ラティーノ」という存在を現実の議論の対象としたのはアメリカだろう．大多数の「白人」と最大のマイノリティの「黒人」によって形成されていたアメリカ社会が，2000年の国勢調査で「黒人」に替わって「ラティーノ」になったという存在を意識することで米国社会のイメージの変更をせまられた（山脇，2010: 275）．

（3）ヒスパニックとラティーノの違い

ラティーノは「中南米諸国のスペイン語圏から他国に移住した人と，その子孫」のすべてを含むのに対し，ヒスパニックは単に「スペイン（系）人」という意味だが，辞書では「今日のアメリカ社会ではもっぱら中南米，カリブ海地

域からの移民」を指す．しかし，ポルトガル語を話すブラジル人以外は，「ラティーノあるいはヒスパニック」と言われるように，この二語の定義は曖昧である（志柿，三宅，2010）．

（4）チカーノとは？

チカーノはメキシコ系アメリカ人（Mexican American）の総称である．1960～1970年代に定着した用語で，ラティーノやヒスパニックより狭い意味に使われる．

The most straightforward of the three cultural identifiers may be the word *Chicano*. "Chicano" refers specifically to Mexican-Americans who view "Chicano" as something less than respectful.
（What is the Difference Between Latino, Chicano, and Hispanic?）

スペイン語は，男性名詞の単数は語尾に「-o」がつくので，ラティーノ（Latino）となる．一方，女性名詞は「a」がついてラティーナ（Latina）となる．同様に，チカーノ（Chicano）は男性名詞で，女性名詞はチカーナ（Chicana）となる．

考えよう

なぜラティーノや ヒスパニックスは英語を覚えようとしないと言われているか．

課題

（英語または日本語）本書で学習した概念（母語維持，二言語教育，母語喪失，言語政策，言語教育，人種と言語政策の関係など）に関連して，今までは意識しなかった社会現象で，考えさせられたことはあったか．またそれはなんだったか．文系ならば，以上に関係することでどんなことを研究テーマにとりあげてみたいか．

2. プエルトリコ人のニューヨークへの移住

Puerto Ricans have both <u>immigrated</u> and <u>migrated</u> to New York. (Puerto Rican migration to New York).

　プエルトリコ人は今まで，移民としてまた移住者としてニューヨークへやって来た．この<u>移民</u>と<u>移住者</u>としてというのはどのようなことを指すのか．

　Puerto（港）Rico（富める）はカリブ海に浮かぶ小さな島で，人口は約367万人だが，その3分の2が極度の貧困状態にあると言われている．もとはスペイン領だったが，スペイン－アメリカ戦争（米西戦争）の結果，1898年に米国がプエルトリコを征服し，混血と黒人を含めた89万人の島民がスペイン領からアメリカ統治下（アメリカ自由連合州あるいは自治連邦区）に入れられた．（参考：アメリカ50州に属していない自由連合州は，アメリカ領サモア，グアム，北マリアナ諸島，プエルトリコ，アメリカ領バージン諸島，ワシントンD.C.である．）

　1902年にアメリカ財務省はすべてのプエルトリコ人の身分を「外国人」とする新しい移民法を発布した．それまでニューヨークへ第一波としてやってきたプエルトリコ人は，移民として扱われたので，移民した（immigrated）という表現になる．

　1917年にアメリカはJones-Shafroth条例で，プエルトリコを「組織されてはいるが統合されていない領土」と定め，プエルトリコ住民にアメリカ市民権を与え，彼らがパスポートなしでプエルトリコとアメリカ本土を自由に行き来できることを認めた．彼らはそこで移住者（migrant）になった．多発するハリケーンが作物を壊滅状態にした結果，島の経済は悪化し，大多数のプエルトリコの家族はよりよい生活を求めて，ニューヨークへ定住した．1964年までに，プエルトリコ社会はニューヨークの人口の9.3パーセントを占めた．経済的に成功したプエルトリコ人の定住者は，よりよい環境の地区あるいは他の都市に移った．今はその地区にドミニカ共和国，メキシコ，南米からの移民の波が押し寄せている．プエルトリコ人は娯楽，芸術，音楽，産業，科学，政治，

Early Puerto Rican immigrants in New York　From Wikipedia, the free encyclopedia

軍隊の分野でニューヨークとアメリカ社会に大いなる貢献をもたらした（志柿，三宅，2010）．

プエルトリコ移民・移住の文献を読むのに役に立つ単語を付録3として巻末にまとめた．

3. プエルトリコ人の言語とアイデンティティ

ラティーノ（ヒスパニック）の人口の特徴は，多数のスペイン語話者が同じ地区にかたまっているため，スペイン語で日常生活が成り立つ点である．表6はアメリカで話されている英語以外の12言語を表す．

表の右の欄は，学齢に達した子どもが入学時に英語以外の言語を話している（Language Other than English-LOTE）こどもの割合を表している．

米国本土在住プエルトリコ人が他の移民と異なる点は，ほとんどが米国生まれで，その30%以上が英語のみを家庭で使用している点である（志柿，三宅，2010）．言語能力とは別に，以下の文から，スペイン語がプエルトリコ人のアイデンティティになっていることがわかる．

New York has always been considered the gate of opportunity to immigrants all over the world including the citizens of Puerto Rico. Puerto Ricans have been immigrating to New York since 1838, before they were even granted United States citizenship (Hosay p.40).

表6　アメリカで話されている英語以外の12言語

ランク	話者の数	人口比	2000/2007年の％比	全LOTE話者比
英語のみ	225,505,953	80.27	＋5	－
1. スペイン語	34,547,077	12.30	＋23	62.31
2. 中国語	2,464,572	0.88	＋22	4.45
3. タガログ語	1,480,429	0.88	＋21	2.67
4. フランス語	1,355,805	0.48	－18	2.45
5. ベトナム語	1,207,004	0.43	＋20	2.18
6. ドイツ語	1,104,354	0.39	－20	1.99
7. 韓国語	1,062,337	0.38	＋19	1.92
8. ロシア語	851,174	0.30	＋20	1.54
9. イタリア語	798,801	0.28	－21	1.44
10. アラビア語	767,319	0.27	＋25	1.38
11. ポルトガル語	687,126	0.24	＋22	1.24
12. ポーランド語	638,059	0.23	－4	1.15

出典：アメリカ国勢調査2000年，Potowski, 2010: 2

Since then, the number of Puerto Ricans moving to the Bronx has taken an interesting turn. In 1910 only 500 people of Puerto Rican descent maintained residences in New York City (Hosay p.40), this number skyrocketed to an astounding 817,000 in 1970, of those about 40 percent of them lived in the Bronx. According to the 2000 census, 57 percent of Hispanics in New York State live in the borough of the Bronx, and 319,000 of them are Puerto Ricans.

Like in many other cultures, language is an extremely important aspect of Puerto Ricans' ethnic identity. When one is Puerto Rican it is almost expected to have some sort of Spanish language background, if not one is often mocked by other Puerto Ricans of all age groups. For example, Stephanie is a twelve-year-old Puerto Rican girl from the Bronx who recalls a time when her Puerto Rican heritage was questioned. Stephanie, who has a typical trait of a "White girl", grew up speaking Standard English and knew only a few words in Spanish. She recalls telling one of her friends one day that she was Puerto Rican, but he didn't believe her, saying "but you don't speak Spanish, you can't be Puerto Rican." (Garcia, J. & Nieves-Ferreri, K, 2001).

　一方，プエルトリコ内でも言語教育問題が生じている．スペイン語だけを公用語とする1991年の法律 (Spanish-only law) が，1993年にはスペイン語と英語の両方を公用語とする法律にとって代わられた．

There was strong opposition to this move. Many Puerto Ricans considered the law to be further evidence of the Americanization of Puerto Rico. When the bill was signed, the Independence Party drew 80,000 to 100,000 people to a protest demonstration in San Juan, with participants shouting "Inglés, no!" (Dicker, 2003, p.228).

　Pousada (1996) は，そのようなプエルトリコの英語教育の問題を次のように指摘している．

Language and bilingualism have been objects of heated controversy in Puerto Rico ever since the U.S. occupied the island in 1898. Although Spanish is unquestionably the local vernacular and is fervently defended and maintained, English is a mandatory subject in schools and colleges and increasingly a requirement for work in commerce, technology, and the professions.

As a result, teaching English in Puerto Rico is highly problematic. ESL teachers are seen, on the one hand, as purveyors of U.S. colonialism and agents of cultural destruction and, on the other, as liberators and providers of marketable skills. Moreover, they are constantly bombarded with complaints about the poor showing of Puerto Rican students in English, and the streets abound with commercial enterprises purporting to teach quickly (but never cheaply) what the schools have "failed" to teach.

By far the greatest impediment faced by the ESL teachers has been the public's resistance to learning English, what Resnick (1993) terms a *motivational failure*. Despite official policy and public consensus on the instrumental utility of English as an international language, according to the 1990 census only about 20% of the Island's people consider that they can use it effectively. …Some fear betraying their Puerto Ricanness if they become too competent and may even assume a "patriotic accent" when speaking English. In essence, although they agree that English is important, many covertly resist learning it out of nationalistic loyalty to Spanish. (Pousada, 1996, pp.499-501)

1997年に，優先順位を英語にしてProject for Developing a Bilingual Citizenが推し進められたが，財政，教材，人材不足のため成果は出ていない．At the end of the century, then, the future status of Puerto Rico remained uncertain. However, whatever destiny awaits Puerto Rico, it is clear that the official-English movement in mainland United States will try to influence the language question on the island (Dicker, 2004: 231).

確認テスト6　よく使われるスペイン語

英語になっているスペイン語の意味
(1) **adios**（from *adiós*）＿＿＿＿，(2) **alligator**（*el lagarto*, "the lizard"）＿＿＿＿
(3) **armadillo**（literally, "the little armed one"）＿＿＿＿ (4) **bravo** ＿＿＿＿
(5) **bronco**（means "wild" or "rough" in Spanish）＿＿＿＿ (6) **desperado** ＿＿＿＿
(7) **El Niño** ＿＿＿＿ (8) **fiesta** ＿＿＿＿ (9) **negro** ＿＿＿＿
(10) **pronto**（meaning "quick" or "quickly"）＿＿＿＿ (11) **olé** ＿＿＿＿
(12) **macho**（usually means simply "male"）＿＿＿＿ (13) **taco**(s) ＿＿＿＿

スペイン語になっているアメリカの地名例
(1) Las Vegas (Nevada)："meadows." ＿＿＿＿＿＿＿＿＿＿＿＿＿＿＿＿
(2) San Francisco (California)："Saint Francis" (of Assisi). ＿＿＿＿＿＿
(3) Los Angeles (California)："angels." ＿＿＿＿＿＿＿＿＿＿＿＿＿＿
(4) Santa Fe (New Mexico)："holy faith." ＿＿＿＿＿＿＿＿＿＿＿＿＿

中南米の国名　＿＿＿＿＿＿，＿＿＿＿＿＿，＿＿＿＿＿＿，＿＿＿＿＿＿，
＿＿＿＿＿＿，＿＿＿＿＿＿，＿＿＿＿＿＿，＿＿＿＿＿＿，
＿＿＿＿＿＿，＿＿＿＿＿＿，＿＿＿＿＿＿，＿＿＿＿＿＿，

Write your opinion about what you have learned about Hispanics/Latinos so far.
＿＿＿＿＿＿＿＿＿＿＿＿＿＿＿＿＿＿＿＿＿＿＿＿＿＿＿＿＿＿＿＿＿
＿＿＿＿＿＿＿＿＿＿＿＿＿＿＿＿＿＿＿＿＿＿＿＿＿＿＿＿＿＿＿＿＿

推薦 DVD

<u>イン　アメリカ／三つの小さな願いごと</u>（20世紀フォックス映画）
　アイルランド移民の話だが，ニューヨークでの貧困生活からラティーノの生活も垣間見ることができる．

<u>West Side Story</u>（20世紀フォックス映画）
　時代背景は1950年代だが，ニューヨークのプエルトリコ人の生活をよく表している．最近，日本でミュージカルとして上演．

参考 DVD

<u>Spanglish</u>，（ソニー・ピクチャーズエンターテイメント）
<u>メキシコ人が消えた日</u>（Xenon Pictures）

第7章
二言語教育と提案227に至るまでの背景

　1998年の提案227で，カリフォルニア州の二言語使用教育廃止案が住民投票で可決された．その提案の背景には，U.S. English-only 運動がある．この運動の提唱者であるS. I. ハヤカワは，英語は国を統一する接着剤の働きをしているのだと，英語公用語を推奨した．しかし推定140万人の英語低学力者がいるカリフォルニアで，二言語使用教育廃止案の一番の犠牲者はヒスパニックの子どもたちである．この章では，提案227が出てきた背景を概要し，提案227をまねて英語公用語を可決したアリゾナ州の例などをとりあげて，子どもたちの学力差と母語維持などについて言及する．

1. 初期のドイツ系移民

　1776年の独立宣言後，アメリカではドイツ系移民の人口は増え続け，ドイツ学校の建設など，さかんにドイツ語教育を行ってきた．1910年には総人口9,200万人中，英語以外の言語を話している人数は2,200万人で，そのうちドイツ語話者は移民中最大の880万人（39.7%）にも上った．第1次世界大戦の勃発で外国嫌いがヒステリックなレベルまで達し，反ドイツ感情が湧きあがって，ドイツ語の使用は全面的に規制された．しかし，一般的にドイツ移民の子孫はアメリカに対する愛国心と忠誠心が強いと見られていたので，ドイツ系移民とドイツ語までは脅威としてとらえられなかった（杉野，2006: 79-80）．先住民やメキシコ系ヒスパニックスの歴史的概要が示すように，アメリカ政府がドイツ系に対して見せた人種的・文化的寛容性は，ヨーロッパ言語までであっ

た (Crawford, 1992; Ricento, 1997).

　Looking at U.S. immigration from the linguistic point of view, early settlers in the New World before Independence in 1776 consisted of people of English, Dutch, French, and Spanish ancestry (Ricento, 1996; Dinnerstein & Reimers, 1988). In the years between 1820 and 1930, more than 37 million people, mostly from Europe, emigrated to America, of whom Germans, Irish, and Italians outnumbered other ethnic groups respectively (Dinnerstein & Reimers, 1988). Asked in the 1990 census which ethnic background they think they have, one fourth of the 250 million population answered they were of German descent (Ricento, 1996; Veltman, 2000). Although, there were strong anti-German feelings during and following World War I, German language and culture posed no threat to the English because generally speaking the descendants of Germans were seen as patriotic and loyal to the United States (Hernández-Chávez, 1988). (以上, Sugino, 2004)

　ヒスパニックであっても, 前章のプエルトリコ移民までは脅威にとらえられなかったのに, なぜU. S. English-only の提唱者たちは言語がアメリカを分断するという危機感をもったのだろうか.

2. 「祖国で異国人」になったメキシコ人たち

　一般的に, メキシコ系ヒスパニックスは, メキシコからアメリカに渡ってきた人たちだと思われがちだが, 実際は, 1800年代以降のスペイン領の買収で, 膨大な数のスペイン語話者が土地とともにアメリカ領に住むことになったのである. たとえば, 1821年にアメリカ政府はスペインからフロリダを買収し, 次にテキサス州がメキシコから脱してアメリカに合併したことに端を発してアメリカ・メキシコ戦争が起こり, 1848年にメキシコから領土を譲渡され, その結果7万5,000人のメキシコ国民が「祖国で異国人」になってしまった (本

名，1994: 103, Macías, 2000）（注：これに加えて，1898年のプエルトリコ征服で，スペイン語話者はムラート（混血）を含めて総計88万5,000人になった（Macías, 2000）．言語的には1870年代にはまだ公の場でスペイン語は優勢であったが，その後は，アメリカに取り残されたメキシコ人は，政治的にも人数的にもアングロに支配され，白人でも黒人でもない人種的曖昧さや否定的先入観に今日に至るまで苦しめられてきた（Lopez & Santon-Salazar, 2001）．

以下は，Hold your tongue（Crawford, 1992）の中のStrangers in Their Own Land（祖国の中の異国人）からの一節である．

① Historically speaking, English speakers are the recent arrivals there. Few Anglo-Americans felt obliged to learn the language of the conquered, but Spanish continued to thrive, and not merely because of reinforcement from Mexico. More importantly, the language cemented a way of life, an autonomous culture maintained not merely by tradition and geography, but frequently by enforced segregation (p.62).

② A proud young republic in 1848, Mexico had been humiliated by the defeat of its armies and the plunder of its lands. It resented North American pretensions to racial and cultural superiority, in particular the missionary arrogance of Manifest Destiny. But the most painful blow to Mexico's national honor, even more severe than surrendering half its sovereign territory, was abandoning some seventy-five thousands of its citizens to become, as one minister expressed it, *extranheros en su propia patria*," strangers in their own land.

① 歴史的見地からいえば，英語を話す人がこの地（カリフォルニア）にやってきたのは，比較的最近のことである．アングロ系アメリカ人のほとんどは，征服した人々の言語を学ばなければならないと感じていなかった．しかし，スペイン語は生き続けた．それは単にメキシコから絶えず人々が流入してきたということだけではない．さらに重要なことは，言

語は生活様式を固定するが，独自の文化や伝統や地理的要因によってのみではなく，しばしば強制隔離によっても維持されるということである（本名訳，101-102）
② 若くて誇り高い共和国メキシコは＿＿＿＿＿＿＿＿＿＿＿＿＿＿＿＿＿＿＿＿＿＿＿＿＿＿＿＿＿．It（メキシコ）は，北アメリカにより人種的，文化的優位性の主張に対して憤り，とくにアメリカの領土拡張説（manifest destiny）のごう慢さを非難した．しかし，メキシコの国家的威信にとって最もおおきな打撃は，＿＿＿＿＿＿＿＿＿＿＿＿＿＿＿＿＿＿＿＿＿＿＿＿＿＿＿＿＿，ある宣教師が表現したように，＿＿＿＿＿＿＿＿＿＿＿＿＿＿＿＿「＿＿＿＿」のを見捨てざるをえないことであった．

　1918年のテキサスの法律では，『上級学年で外国語を教えるとき以外に，英語以外の言語を話すと教師は罰せられた．しかし，州の当局者は，スペイン語を話す生徒に適切な教育を受けさせることに無関心であった．中略．1920年代後半に州全域を対象に実施された調査によると，ヒスパニックスの子どもたちはわずか半分しか学校に行っていないことが明らかになった．このうち，4分の3は小学校3学年までしか在学せず，中学に進学できるものはわずか20分の1以下であった』（本名，1994: 114-115）．
　第2次世界大戦前後のアメリカの労働力分布では，北部や東部にはアメリカの国内労働力を供給したが，南部や西部ではアジア人移民の規制や黒人労働の移動により農業労働力の不足になっており，それを補ったのが隣接するメキシコ人労働者たちであった（伊豫谷，2001）．
　第2次大戦後の移民政策の変化が，メキシコ人と他のヒスパニックス，アジア人と戦禍を免れて来たヨーロッパ人をアメリカにひきつけた（Dinnerstein & Reimers, 1988; Freeman, 1998）．1910年にはスペイン語人口は50万人ほどだったが，1950年にはドイツ語人口と並び，ついに1970年にドイツ語人口を追い抜いた．この頃からメキシコ移民は農業従事型から都市型に移行し，滞在期間の長期化や定住化の兆候が見られるようになった（伊豫谷，2001）．し

かし，学校ではアメリカインディアンと同様に，スペイン語を話すと体罰や罰金を課せられたり，留年させられたり，他の学生がスペイン語を話していると先生に報告するよう求められたりした（杉野，2006: 82）

The changing policies of the postwar period led to an increase in immigration from Mexico and other Hispanic nations, Asia and the war-torn countries of Europe (Dinnerstein & Reimers, 1988; Hernández-Chávez, 1988; Freeman, 1998). In 1990, there were 31.8 million U.S. residents (aged 5 and above) who spoke a home language other than English, and of 31.8 million, 1.7 million were Spanish speakers (Ricento, 1996; Crawford, 2000). While the overall population grew by 9.8%, U.S. residents of Hispanic origin increased by 53% and those of Asian and Pacific Island backgrounds by 108% (Freeman, 1998; Ricento, 1996). Approximately seventy-five thousand Mexicans were left in the U.S. territory after the defeat of Mexican-American War and some Mexican-Americans claim that their Spanish language and *mexicano* culture were more *native* than English for them (Crawford, 1992). Original Mexicans in California were dominated politically and numerically by Anglos after 1850, and racial ambiguity and negative stereotypes are persistently attached even today (López & Stanton-Salazar, 2001). López & Stanton-Salazar believe that that "the four distinctive characteristics - disproportionate poverty, group size, historical depth, and racist stereotypes - interact to create such a way that their school performance and socioeconomic trajectories cannot be explained by the analysis of individual characteristics (2001: 60). Thus the demography and ethnic backgrounds of American mosaic were changing rapidly, and the language issue came up accordingly（以上 Sugino, 2004）.

Wisconsin Historical Images-
Mexican Migrant Workers
http://www.wisconsinhistory.
org/whi/fullimage.asp?id=22900

3. 英語公用語運動の提唱者たち

　1980年代になり，不法移民と難民など見慣れない移民人口が増えるにつれアメリカ人の間に危機感がつのっていった．それでもまだ「英語が法的保護」を必要としているなど，大多数のアメリカ人にとっては寝耳に水だった (Jasso-Aguilar, 1999)．

　ついには1981年に当時カリフォルニア州の共和党上院議員でカナダ出身の日系移民のS.I.ハヤカワが英語を公用語にという上院合同決議案72号を連邦議会に提出した (Crawford, 1992; May, 2001)．1983年にS.I.ハヤカワはワシントンのロビー団体である「USイングリッシュ」の設立を提案し，英語の優位性と二言語教育に警告を発し，やがてEnglish-onlyの運動は全米に飛び火をした (Freeman, 1998, May 2001)．1986年には「イングリッシュ・ファースト」という団体も結成された．1996年までに，23州40都市が英語を公用語として指定する州法や修正案を制定した．たとえば，アーカンソー州では1987年に，アリゾナ州では1988年に州法が修正され，フロリダ州，コロラド州などもそれに続いた (May, 2001; 松原，2002)．

　この運動が英語公用語化運動と訳されているのは，アメリカ合衆国憲法は英語で書かれているものの，英語の公的地位を明文化しているものはないから

である．つまり，英語はアメリカの公用語だと憲法で定められていないのだ (Edwards, 2004; Ricento, 1996)．

それでは，English-only の提唱者たちはなぜそこまで公用語化にこだわるのか．彼らがあげた理由は，1991〜1998 年にかけて連邦議会で行われた 57 のアメリカ合衆国憲法修正案の演説からもわかる．一番多かった理由は，「英語は国と統一する，多言語は国を分断する」「アメリカに来た移民は英語を習うべきだ，英語は国の言葉として保護されるべきだ」「移民は高い動機付けを持っていた方がよい，彼らのためになるのだから」などである (Tse, 2000; Schmidt, 2006)．提唱者たちは，近年の移民の急増と公共政策が，言語と文化の同化を推奨する代わりに，多文化・多言語を推していることは，真に深刻で脅威に満ちたことであり，すぐにも是正が必要なことだと警告した (Schmidt, 2006)．以下は 1980 年代の English-only 運動について述べている．

The English-only movement in the 1980s. English-only activism seemed to suddenly come up in the 1980's when there were campaigns to give English official status and to restrict the public use of minority languages (Crawford, 2000: 4) or more specifically to restrict Mexican migrants 'and other Hispanics' use of Spanish. Prior to this, though, the U.S. government had never claimed English as its official language. The civil rights movement of the 1950s and 1960s led to the bilingual movement, and as Hernández-Chávez (1988) indicates, bilingual education was instituted by law in several states, including California. Many monolingual Americans felt dismayed about providing millions of dollars to provide bilingual education to today's newcomers who seemed to feel no obligation to learn their language, English (Crawford, 1992).

The modern English-only movement dates from 1983, when former Senator S. I. Hayakawa of California proposed to found US English, asserting the supremacy of the English language and warning against the potential dangers of minority language instruction; and bilingual education (Curtis, 1988, p.280; Crawford, 1992, 2000; Freeman, 1998; Kaplan & Baldauf, 1997). Many states have supported the movement claiming that English has been their *social glue*, and official English measures have now been adopted by twenty-three states including Arizona, Colorado, and Florida (Crawford, 2000, p.6).

　2010年には米国の総人口3億875万人中，（メキシコ，カリブ一帯，南米を含め）ヒスパニック系と申告したものが5,000万人以上であった．

表7　5歳以上人口の家庭言語状況

	総　数	英語の能力		
		very well	well	not well/none
5歳以上の人口	280,950,438	−	−	−
英語のみ	225,505,953	−	−	−
英語以外の言語	55,444,485	30.975,4741	10,962,722	13,506,289
（スペイン語）	(34,547,077)	18,179,530	6,322,170	10,045,377

(U.S. Census Bureau, 2007)

　州別に見ると，家庭で英語以外の言語を話している人数（5歳以上）の割合が高いのは，カリフォルニア州3,389万1,325人中1,444万1,651人（42.6％），ニューメキシコ州182万8,879人中66万2,880人（35.7％），テキサス（33.9％），アリゾナ（28.5％），ハワイ（25.5％），ニューヨーク（28.9％），フロリダ（26.1％）である．

　したがって，これらの州には英語低学力（LEP-Limited English Proficiency）の生徒が多い．州によって異なるが，子どもが小学校に入学する際の調査票に家庭言語を書き入れる欄があり，そこに英語以外の言語が書いてあれば，児童は英語だけで効果的に授業を受けることはできないと判断され，母語を使っての二言語使用教育や第二言語としての英語（ESL）の授業を受ける権利を要すると見なされていた（Carrasquillo & Rodriguez, 1996; Macías, 2000）．LEPの生徒の中には二言語教育やESLの授業が受けられなくて，普通授業に入れられてしまう場合もあり，英語そのものと教科内容の両方に注意を払わないと

いけないので大変な困難を強いられる（Carrasquillo & Rodriguez, 1996）．

2003〜2004年の調査では，公立と私立の幼稚園から高校3年生まで501万人がLEPと判断されている．これは1993〜1994年の303万7,922人から65%増になっている．LEPの割合の高い州は，カリフォルニアが約160万人で全体の32%を占めている．テキサス州（66万707人），フロリダ州（28万2,066人），ニューヨーク（19万1,992人）とイリノイ州（16万1,700人）である．ここから，家庭言語を英語以外の言語の比率が高い州は，LEPの生徒が高いという傾向にあることがわかる（Batalova, 2006）．2000年の調査で，LEPの生徒の80%はスペイン語を母語と答え，アメリカで生まれたこどもたちは60%，40%は外国生まれ，51%が貧困層であるという結果が出た（Batalova, 2006）．

4. 二言語教育法

1950〜60年代の公民権運動と1957年のスプートニク・ショックのせいで，いくつかの州で二言語使用教育を義務付けるようになり，1968年に連邦政府は初等中等教育法の第7編として，英語以外の言語を話すマイノリティの子どものために，初めて二言語使用教育法（BEA）が制定された（東, 2002：Ricento, 1996）．当初の二言語使用教育法は予算がかさみ，教師と教材不足という多くの問題をはらんだ出発であった（Ricento, 1996）．この教育法は，貧しくて英語がわからないマイノリティの子どもたちの教育的不利益を是正するためだったが，実際は，どちらの言語も補習的に行っているだけだった．その上，最終目的は機能的バイリンガリズムから子どもたちを取り出して，単一言語（＝英語）の教育に入れてしまうため，言語と文化の継承から生まれるはずの人間教育はまった考慮に入れていないという欠点も指摘された（Jasso-Aguilar, 1999）．

日本で行われているバイリンガル教育は主にエリート教育の一環としてのストロング型である．アメリカでも二言語で読み書きができるようになるストロング型二言語教育は社会の主流を行く子どもたちが受ける場合が多い．

二言語使用教育に，カーター政権（1976-1980）時代に設立された連邦教育省が十分な予算をつけたので，二言語教育という概念は次第にアメリカ社会に浸透していった（松原，2002）．マイノリティの母語を使うということで，この教育は，かつては言語ハンディを背負わされていたこどもの民族的な誇りや自信につながったが，反面，さまざまな批判の対象にもなってしまった．レーガン元大統領が1981年にニューヨーク・タイムズに「バイリンガル教育というものは絶対に間違いでありアメリカの理念に反するものである」と寄稿した例がある（東，2002；Edwards, 2004）．英語しか話さない大多数のアメリカ人は，英語を話そうとしない移民に多くの税金を投入する義務などないと感じていた（Hernández-Chávez, 1988）．「この法律はスペイン語を話す急進派への政治的賄賂である」いう非難もでて，急進派メキシコ系アメリカ人の政治的影響力を排除するための反対材料にも使われた（本名，1994；松原，2002）．

第8章

「English-Only」運動

1. 提案227

　提案227は，もっとも論議をよんだ法案である．それは，1998年にカリフォルニア州住民投票で可決されることになっていた二言語使用教育廃止法案 (English for the Children) である．(Crawford, 2000; Jago, 1998)．これは億万長者である Ron Unz が始めたキャンペーンで，二言語使用教育を排除し，言語支援の必要な生徒に一年間だけ English as a Second Language (ESL) の授業を行うことを目的としたものである．Unz は二言語教育を排除する資金として70万ドル（約7,700万円）もの私費を投じた (Del Valle, 2003)．この提案227はいったん法令化されると，住民の3分の2の賛同が得られなければ，修正や無効ができなくなるという条例だった (Crawford, 1998)．

　Unz 発議は，複雑でわかりにくく，過激なものであった．その中には，例えば，英語以外の言語で児童を教えることは，カリフォルニア州の法律に違反し，教師だけでなく，助手による母語での授業は一切禁止であると明記されている．その結果公立学校に現存するに言語使用教育プログラムは排除され，母語のいかんにかかわらず全ての生徒に適応されるものであった (Crawford, 1998)．

　結局，提案227は，1998年6月2日に61%の住民の賛成票で可決された (Del Valle, 2003)．その後，控訴されたが，7月15日にサンフランシスコの連邦判事が，提案実行の阻止訴えを却下した．判事は，「児童に英語を」という発案は，英語を話さない子ども達を差別しているのではなく，教育の平等を保障す

る連邦の法律を侵害していないし，二言語使用教育が他の教育的手段より優れているかの判断は法の範疇ではないという裁決をくだした（Jago, 1998）．この判決で，カリフォルニア州の学校は，47日以内に推定140万人の英語低学力者（LEP）とみなされた子どもたちを，一年間だけ集中的に英語だけで教えるプログラム（Sheltered English immersion）に入れ，次の年から普通授業に入れなければならなくなった．教材や導入方法の他，二言語使用担当教師に支払われた年間4,000～5,000ドル（約50～60万円）の特別手当の継続など不安材料が多く残った．Jago（1998）はこれを自然災害にたとえて，余震は何年か後にやってくるだろう．災害支援は政治的な配慮で送られてくるだろうが，その償いをするのは子どもたちであると批判した．

Crawfordも，この発議は，年齢が違っても英語能力が同じだと判断された場合に同じクラスに入れられてしまうので，それでは生徒は大きなクラスに詰め込まれて教科を学ぶという不利益を被り，せいぜい英会話が学べるくらいだと非難した（1998）．

NCTE（1998）の記事の中で，サンディエゴ大学教官のMora氏は，Unzの提案227は61％という圧倒的支持を得たといっているが，逆に39％は支持しなかったということなので，39％分はスペイン語で教えれば良いと解釈可能だと反論している．このプログラムだと教科の内容がわかるようになるには10年かかるとMora氏は憂慮していた．

この記事で，カリフォルニア大学バークレー校教育学部長Garcia氏は，提案227は，移民の子どもたちが当然受けられる社会的・教育的恩恵に制限を加えるという提案187から始まった一連の攻撃の一つであり，教育の問題というより，移民に関する政治的色合いが強いとコメントしている（NCTE, 1998）．ガリシアはまた，大多数のラテン系（メキシコ系）の人はこの提案に反対票を投じたと言っている．彼女は，この提案は時代にひどく逆行しているもので，真の政治闘争はこの子どもたちが投票できるようになる10年後ぐらいに起こるのではないかと憂慮していた．

Unzはさらにアリゾナ州に提案227のコピーのような提案203を提出して63％以上の住民票を獲得した．カリフォルニア州の成功をうけて，今回署名を

集めるためだけに Unz が使った資金は 17 万 2,000 ドル（1,900 万円）だけであった（Del Valle, 2003）.

Most recently, a controversial argument was stirred when California residents were to vote for eliminating bilingual education, and a ballot Proposition 227 was approved in June 1998 (Crawford, 2000; Jago, 1998). Proposition 227, the so-called *English for the Children* initiative, Jago argues, discriminates against non-English speaking children, mostly limited English proficient (LEP) students who now have only one-year of bilingual classes before being put in mainstream regular classes. As of 1998, there were 1.4 million LEP students in California. That accounts for one-quarter of the state's total public enrollment (Jago, 1998).

2. イングリッシュ・オンリーが示唆する影響

　前述のように，大多数のメインストリームのアメリカ人は，アメリカに居たいなら英語を話せ，そのためには母語は多少犠牲になってもしかたないという考え方をしている．進学，就職の時も実際有利なのは英語の能力で，スペイン語やベトナム語が優れていてもそれだけで就職に有利ということはない．
　しかし，二言語使用教育を受けた，あるいは受けているマイノリティはどうであろうか．自分の話している母語がいつでも切り捨て可能な「学ぶ価値のないもの」であり，それを話している親は「教養がなく，社会のお荷物」であり，自分達の英語はいつまでたっても「メインストリーム」の子どもたちの英語のようにならないとしたらどのような気持ちになるであろうか．Skutnabb-Kangas (1981) は，マイノリティの教育に実際の体罰をつかう事は現在ではなくなってきているが，組織的・シンボル的な暴力は相変わらず行われていると警告している．つまり，「あなたたちには何の価値もないし，あなた達の民族もなんの価値もない．もし受け入れてもらいたければ，今持っている物を全

部あきらめて，我々みたいになるべきだ．今持っているものは恥ずかしいものなのだから…」というメッセージを送っているに等しいと述べている（P.313）．ヒスパニックの子どもたちが短期間だけスペイン語で教育を受けさせるような事は，言葉にはしていないが，彼等の両親は原始的で，汚く，教養がないといっているようなものだ，とSkutnabb-Kangasは述べている．

　また，言語学習がアイデンティティに影響を与え，自尊心の喪失と疎外感を感じる原因にもなる．たとえば，自分の母語は経済的価値もないと実感することは，社会における自分たちの存在場所がなく，社会からなにも期待されていないと言われているようなものなので，やる気のなさや諦めにもつながり，果ては自尊心まで失う結果になっている．マイノリティの子どもたちは，結局アメリカは排他主義であり，「英語中心主義」とは白人オンリーの別の言い方なのだと教育システムを通して実感してしまう．そして，白人のしゃべる言葉，すなわち英語と，白人の文化は優秀であるという絶対感にうちのめされ，自分達の言語と文化は社会的に低い位置にあるという「恥じ」と「劣等感」を味わうことになる（Crawford, 1992）．

　特にネイティブアメリカンの場合は，自分の部族語を話すと体罰を受けたので，社会での成功を望んでいるネイティブアメリカンの若者たちは，より英語あるいは白人社会にアイデンティティを感じ，自分たちの言葉や伝統を価値のないものとして低い位置におく傾向がある（Crawford, 2000）．

　Jordan（1988）は，マイノリティの子どもたちのアイデンティティと文化を壊した元凶は学校であると指摘している．つまり，マイノリティの若者のアイデンティティ喪失と，自分のコミュニティからの疎外感が，退学者を増加させているのは学校に責任があるというわけだ．二言語教育反対派は，マイノリティは権利ばかりを主張して，彼等の言語を維持していくのに自分達の税金を使われるのはたまらないと思っている．しかし，マイノリティにしてみると，『英語はこの国の言葉です．だから私たちは英語を学んでいるのです．だからといって，私たちの母語や文化を捨てなければならないということはないはずだ．』『英語を学ぶことと，授業の公平さを確保することと，「アメリカ人」になることは一体どのような関係があるのか』と反論したくもなるだろう

(Jordan, 1988).

　レッテルを貼ることはマイノリティが自分自身をどう見るかに関係してくる．マイノリティの子どもたちを LEP と呼ぶことで，先生たちは LEP の生徒を「異なっている」と見るより，どうしても「能力不足」とか「より出来ない」と見てしまうからだ（Carrasquillo & Rodriguez, 2000）．さらに残念なことには，すでに小学校のレベルで，自分には当然できなければいけないことができないのと思ってしまうことだ（Carrasquillo & Rodriguez, 2000）．

　ネイティブアメリカンの場合，人によっては寄宿学校の影響が遅れてでてきたという．たとえば，自分たちの文化を恥じることや自分たちの言語が問題なのだという意識を植え付けられたので，親になった時に，子どもたちのためになると思い，自分の子どもたちにはほぼ英語のみで子育てをおこなった（Crawford, 1996）．メキシコ系アメリカ人の両親の中には，言語をなくすことは文化をなくすことと同等であると感じ，アイデンティティを維持できる手段としてスペイン語を維持あるいはとりもどすことを確実におこなっている．しかし，彼ら自身の体験から，自分たちの両親が家でスペイン語だけを話すように主張したことの反発も感じているので，複雑な心境であると述べている（Pease-Alvarez, 2003）．

　提案 227 は「子どものための英語」ということであったが，逆に，実行当事は児童の中に緊張感や不安感が高まり，生徒はプレッシャーを感じていた．

　8歳になるマーティスは，次のように不安感を表している．

　　スペイン語を忘れてしまうかもしれない．そうしたら，お母さんとも会話ができなくなってしまうから最悪だ（Jago, 1998）．

3. English-only の背後にある考え方

　アメリカに行けば英語を話すのは当たり前だ，と思っている外国からの旅行者は多いだろう．このアメリカ，すなわち英語という考えはどこから来ているのだろうか．セオドア・ルーズベルト（Theodore Roosevelt）大統領が 1917

年に演説したように，アメリカには一つの言語しか入る余裕がないのだろうか（May, 2001）．英語はアメリカ人の最も強力な絆であり，国家を団結させる「社会的接着剤」であるというのはよく言われことであり，提案227の背後にありメンタリティーもこれであった．つまり，英語はいつでもアメリカ的気質を継ぐ共通のきずなのようなものであり，言語基準（英語）だけでなく，人種（白人）と民族性（北ヨーロッパの）基準とアメリカ的なものをつなげることは，アメリカの歴史の繰り返されたテーマなのである（Crawford, 1992; Ricento, 1996）．

また，英語習得は，同化・愛国心・アメリカ人でいることと関連付けて考えられているので，英語が出来なければ疎外感が多いが，英語の能力が認められると「自分は彼らの仲間うちになった．自分には国がなかったのに．アメリカ人になったのだ」という思いが初期の移民の中にあった（Crawford, 1992; Pavlenko, 2004; Ricento, 1996; Wiley, 1999）．歴史的，社会政治的背景から，「正しい英語は道徳」であるという隠喩がでてきて，社会の行動と，時に社会そのものを動かしてきた要因となっている（Eggington, 1997）．

それゆえ，この1980年代の見慣れない移民の急増が，言語的多様性は必然的に政治的分裂あるいは民族紛争になるという危惧を生む原因になったのは頷ける．『イングリッシュ・オンリーの人が問題にしているのは彼らの言語ではなく，彼らの心と精神を問題にしている．移民が英語を話せるようになるだけでは十分ではない．他の言語に対する忠誠心を否定しなければならない』（本名：47）．

English-only運動家たちは，「英語が外国語になる」，「アメリカが外国になる」，「母国の文化を断念して，アメリカのやり方に順応しなさい」「いやなら国に帰りなさい」というメッセージを発しているが，移民たちはその背後にある偏見も感じた（Crawford, 1992；Faltis, 1997）．

English-onlyの支持者たちは，二言語を話せる人が忠誠心を二分することなく二つの文化に属することなど不可能だと信じきっていることが事を悪くしている，と前述のMora氏は述べている．一言語使用の考え方の裏にあるものは，一言語使用＝自然で理想的な状態である．一方，言語の多様性は＝「輸入」されたもの＝異質なもの＝マイノリティ＝アメリカ人として信用できないとい

う図式がある（Davis, 1999; Ricento, 1996）．

　最近の移民に関する風潮は，否定的先入観で決め付けているところがあるかもしれない．たとえば，彼らは英語を学ぼうとしないと言われているが，それを証明するデータはない（Freeman, 1998, Tse, 2001）．それどころか，1990年の国勢調査は，外国生まれのスペイン語話者（5歳以上）の英語能力について，71.5%のスペイン語話者の能力は「良い」「非常に良い」という結果がでている（Tse, 2001）．また，5,000人の8年生と9年生に聞いたところ，95%弱のラテン系の生徒が，自分は英語が出来るあるいはよく出来ると思うと答えた（Tse, 2001）．

　アリゾナ州立大学で二言語教育学を教えていたFaltis（1997）も，普通の授業で，英語以外の言語で教えることは「unAmerican－アメリカ流ではない」と考えられているが，この考え方こそが非常にアメリカ的であると述べている．

　以上，二言語使用教育を生みだした移民社会と，その二言語使用教育と反対の立場をとるEnglish-only運動を見てきた．二言語使用教育は，アメリカにおける言語教育政策の対立を一番現しているものだが，実際この対立は言語の対立というより，マジョリティとマイノリティの政治的，歴史的，文化的な対立を反映したものである（McGroarty, 1997）．二言語使用教育の根底にあるものは，マイノリティの政治的影響の増大とそれを危惧する人たちの攻防であると思われる．McGroartyは1998年のカリフォルニア州住民投票の結果は，時代に逆行するものであり，アメリカには近い将来統一された明白な言語政策というものは現れないであろうと予測している．

　英語が最も有力な言語であることは今後も変わらないだろうが，政治的レベルから乖離して，教育に焦点をあてて地道な活動をしている人たちもいる．それはアメリカインディアンの言語保存あるいは，言語を生き返らせる活動である．現在206もの部族語がアメリカでは生き残っているが，絶滅寸前状態にあるいつくかの口頭伝承を書き言葉に変える動きもあるし，多くの部族が1980年代に部族語公用語化政策を導入して部族語維持に努めている（Davis, 1999）．アメリカでは言語の自由が保障されているので，アメリカ政府もマイ

ノリティの言語に対する影響力が地域的レベルで存続していくことを認めていくのではないかと考えられている（McGroarty, 1997）.

　ヒスパニックの二言語使用教育，あるいはその廃止に関しては，これからも試行錯誤が続くと思われる．可能ならば母語を使いながらの段階的二言語教育が現時点では望ましいと思う．Skutnabb-Kangas（1999）は，ヨーロッパや世界の他の国ぐにでは，将来特にビジネスや経営管理の分野で高レベルの仕事につくのは，多数の言語を話す能力にたけていなければならないという意識が高くなっている．もちろん英語は重要であるが，世界中でより多くの人々が英語を話せば，その価値は弱まり，英語を話せるからといってよい仕事につける可能性は低くなる．ヨーロッパではすでに第5，6言語使用という感覚になってきているのに，米国ではまだイングリッシュ・オンリーなど時代に逆行するようなことをいっているのはおかしい．マイノリティの人たちの言語能力を殺してしまうのではなく，言語資源として使うことを考えていかなければならない時代に米国もなってきているのではと警告している.

　以下は，English-only 運動の背後にある考え方を英語で述べたものである.

　Implication of 'English-only' movement and its mentality.

　Throughout the early 1900s, English had been taken for granted to show *Americanization* ever since America won its independence. Historically, immigrants tried to assimilate Anglo-American culture in the unreasonable temperament *Sink or Swim or Conform or get out*, *Give up your culture and adopt American ways*, and equated proficiency in English with political loyalty (Miyashita, 1998; Freeman, 1998; Crawford, 1992). Since English has been used to show patriotic significance and as a prideful symbol, fear of friction has inspired a myth of denial of significant diversity, and "homogeneity is exalted as the nation's natural state and the key to its political success," (Crawford, 1992, p.32).

　The ideology of monolingualism sees language diversity as a problem that is largely caused by immigration; in other words, language diversity is viewed as imported, and monolingualism to be a natural and ideal condition especially for modernization (Davis, 1999; Phillipson, 1992; Ruiz, 1998; Tollefson, 1991; Wiley, 1999).

Monolingual language policies glorify one language as dominant rationalizing the relationship between the dominant and dominated at the cost of stigmatizing other languages (Phillipson & Skutnabb-Kangas, 1996, p.437).

While there is an assumption that today's newcomers to the U.S. are not learning English, there is no data to support this assumption (Freeman, 1998; Crawford, 1997; Tse, 2001). On the contrary, Tse quotes U.S. census data that shows among foreign born residents, 71.5 Spanish speaking people of 5 years old or older answered they spoke English 'well' or 'very well', as did 72.3% of Asian/Pacific Islanders.

Hernández-Chávez believes that not utilizing the dominant language prevents those that are poor in this language from becoming a part of the majority group (1988). Wiley and Lukes (1996) cite Wiggins in maintaining that the issue is not language or literacy but rather hostility towards becoming heterogeneous. Ricento (1996) adds that opposition to bilingual and native language instruction was not based on pedagogical concerns but because of fears that minorities might not be trustworthy Americans (p.134). In other words, language policy has been used as a means of social control (Ricento, 1996).

Freeman (1998) supports this by saying that Standard English has become overwhelmingly dominant over other minority languages and non-standard varieties of English are marginalized in official functions such as government and education.

English-only 政策によって引き起こされる言語的・社会的・心理的問題
Linguistic, social, and psychological issues caused by 'English

only' policy. How would minority children feel when they realize that their mother tongue is not worthy of being learned and feel their parents are not educated well and are not a good asset to the society, and children's English is not improving enough to be passable for 'mainstream white English'? In this section I will investigate linguistic issues such as mother-tongue loss and social issues such as inequality and discrimination, and psychological issues such as shame, identity and value shift through assimilation.

Throughout the early 1900s, public schools played the role of socializing immigrant children and producing literate individuals who were assimilated into the democratic values of American society (Freeman, 1998). That means acquisition of English is associated with assimilation, patriotism and to being 'American' (Ricento, 1996; Wiley, 1999).

Labeling can influence students how they see themselves. By calling students LEP, the regular classroom teachers often do not see LEP students as *different* but too often as *deficient* or *less* (Carrasquillo & Rodriguez, 2000). The sad thing, Carrasqillo and Rodriguez argue, is that many non-English speakers grow to believe the hidden message that they are not capable of doing what they are expected to do at that grade level. The researchers suggest thatteachers, who value students as individuals with unique capabilities are aware that language, be it spoken, written or nonverbal is a form of transaction that has a tremendous power in the learning-teaching process. Carrasquillo and Rodriguez state that social and psychological aspects are significant in instructing LEP students because of the fear learners have of the new classroom, linguistic and cultural distinctions. Cummins maintains that although students may work diligently to dispute their teachers' low perspective of them, more often students will move away psychologically from an educational relationship.

Wei (1993) remarks that Asian Americans were brought up to believe they possessed and could exercise their rights as citizens of America. However, they soon realized these rights applied solely to white Americans and as a result, Asian Americans formed groups to discuss the issue of identity, simultaneously venting their anger and frustration. Wei also states that Asian Americans are the "standard" against which other minorities are upheld and classified, and as the "model minority." Wei (1993) concludes that Asian Americans have been considered fundamentally different from European Americans and are often a target of biased stereotypical images that constitute a form of "psychological violence."

In case of Native Americans, Anglicization has isolated them from cultural resources that they could identify with (Ricento, 1996). Even some Indians are not aware of the loss of their heritage language, which carries with it an unspoken network of cultural values. These values are subliminally but surely shape their self-awareness, identity, and interpersonal relationships (Reyhner, 1996). "Some people believe that the boarding school experience has had a delayed effect, inducing shame among many Indians about their culture or at least convincing them that their languages are a source of educational difficulties. So, on becoming parents themselves, they have raised their children only or mostly in English, believing this would help them in school" (Crawford, 1996, p.56). Although mother tongue and cultural values are tightly connected, for the majority of young Native Americans today, "culture and language have, in fact, been separated," however, "giving young Natives the opportunity to keep or learn their tribal language offers them a strong antidote to the culture clash many of them are experiencing but cannot verbalize" (Reyhner, p.5).

What about Brazilian immigrants to the U.S.? The study by Goza (1994) shows that most Brazilians emigrated to the U.S. as family units for economic reasons, and that compared with the ones who immigrated to Canada, they planned to go home after reaching their savings goals. Though it's not directly related to language learning, they experienced stress of changing gender roles, of separation from the extended family, disappointment in not meeting their financial goals, and lack of social support from their fellow countrymen (DeBiaggi, 2002).

Finally, to conclude this section on education and language learning, Davis (1999) introduces Watson-Gegeo and Gegeos' warning against language and educational hegemony tendencies that look only at the surface level of behavior and language. "⋯. If education itself changes identity (Lave & Wenger, 1991), education in another language when one's native or heritage language is prohibited is a far greater threat to identity" (Davis, 1999, p.79).

"Minority groups that tend to experience academic difficulty (e.g., Finns in Sweden; Hispanic, Black, and Native American groups in the USA; Franco-Ontarian, Black and Native groups in Canada) appear to have developed an insecurity and ambivalence about the value of their own cultural identity as a result of their interactions with the dominant group" (Cummins, 1988, p.138). Cummins introduces one account told by a Finn who realized she had to be a Swede. Though not directly related to English, we can identify their inner struggle.

> A Swede was what I had to become, and that meant I could not continue to be a Finn. Everything I had held dear and self-evident had to be destroyed. An inner struggle began, ⋯⋯ I could no longer trust anybody.

My mother tongue was worthless—this I realized at last; on the contrary, it made me the butt of abuse and ridicule. So down with the Finish language! I spat on myself, gradually committed internal suicide. (Jalava, 1988, p.164 cited by Cummins).

言語維持とシフト

Language maintenance and shift. Does acquiring a new language for immigrant children generally imply the loss of mother tongue or is it possible to maintain it? Wong Fillmore (1991) showed that the loss (or the lack of continued development) of mother tongue is common among immigrant children though there is ample evidence of transfer of academic skills from the first language to the second. Although parental attitudes may influence greatly on the maintenance of children's mother tongues, Cummins (2000) argues that affluence and privilege alone cannot fight against the great influence of the dominant language. To sustain his argument, Cummins shows an example of adult international students in Canada, saying that their elementary school children are rejecting the home language and culture and express their wish to identify with the Anglo peers because their identities become infested with shame.

Fishman (1996) believes that it is the family and the home that is the basis of mother tongue maintenance however, McCarty (2002) argues that the pressures on families to abandon mother tongue is so intense that individuals alone cannot stop mother tongue loss. "Rapid shift to English is evident even among speakers of the healthiest indigenous languages such as Navajo, a group that was historically isolated and thus among the slowest to become bilingual," proposing speakers themselves are ultimately responsible for whether to maintain their native tongue or shift to a dominant language (Crawford, 2000, p.53).

Of the immigrants who arrived in the United States, Veltsman shows that "younger, native-born members of the Spanish language group are more likely to adopt English today than their older peers did when they were young". (p.77). He finds no evidence in the 1990 census to indicate successful maintenance of minority Asian and Hispanic languages. He concludes, "The maintenance of the minority language does not appear to be an important priority for many members of the newer immigrant groups. (p.90) Then he says these data provide no basis for the fear that U.S. is going to be divided because of language diversities, and he proposes more help in accelerating English education on willing new immigrants but unfortunately he does not mention of how or the necessity of maintaining their mother tongues.

The feeling of shame and humiliation for *speaking the wrong language*, being punished for speaking Spanish in classroom and in school activities, and having their names Anglicized by teachers, alienate children from English-speaking teachers and classmates (Crawford, 1992; Skutnuab-Kangus, 1996). "In the past, dominant group institutions (e.g., schools) have required that subordinated groups deny their cultural identity and give up their languages as a necessary condition of success in the mainstream society" (Cummins, 2000, p.44). However, it is often pointed out that the child's new identity is not only accepted fully by the dominant group but also by the minority group he/she once belonged to (Skutnabb-Kangas, 2000).

McGroarty claims that the significant element of bilingual instruction is the cultural aspect, rather than the linguistic aspect of being able to speak two languages. She argues that there are two vital goals of bilingual education to achieveproficiency in two languages, and to promote and maintain bicultural identities (McGroarty, 1997).

第8章 「English-Only」運動　75

　According to Maher (2001), the idea of minority language maintenance holds that mainstream identity is partial and should allow the individual to cultivate a more humane and rich social affiliation (p.324). Jago (1998) is concerned about the children's mother tongue loss mentioning an eight-year-old Mexican-American who is worried that he'd forget how to speak Spanish and wouldn't be able to talk to his mother anymore. Among many examples, Marainen (1988) retells when she realized she has forgotten her mother tongue, Sami, "I realized in horror that I could no longer relate the most common and everyday matters in my own language!"…. I could no longer talk to Father! This fact made me shiver. I became desperate, despondent. And then I became angry" (p.183).
（以上，Sugino, 2004）

　移民から成り立っているアメリカは，文化に関しては寛容であるのになぜ言語に関しては寛容ではないのか．別府（2005）は，英語圏の知識人は人種差別，民族差別，性差別などさまざまな差別に対して敏感であるが，英語支配に関しては沈黙をしていると主張している．アメリカでは言語に関して3つの相反する現象が見られる．1つは，English-only 運動のように，国内のマイノリティの言語権を遵守しないで，英語公用語化を進めているという点である．もう1つは，黒人奴隷が共通の言葉をもつことは反乱を助長すると思い「強制的無知法」を作って言葉を教える者を厳しく取り締まった（本名，1994）反面，アメリカインディアンのように部族言語と自尊心を撲滅させ，英語だけを強制的に教えた点である．3つ目は，グローバリゼーションにともなう日本のような国まで押し寄せている英語支配であり，英語話者以外がアメリカ人の英語話者に合わせなければいけないという点である．

　本名（2004）は，英語の言語価値は高くなっているが，だからと言ってアメリカ国内で単一言語国民国家という理想郷をつくり，英語を絆にして愛国主義を鼓舞し，民族大国主義を助長していくだけでいいのかと疑問を投げかけている．アメリカの多数派は，English-only 運動のように，自分たちの公益と相

反することは抑制し，有利になることは見て見ぬ振りをする傾向あるようだ．

　英語に関していうと，海外では英語の優位性が保たれているのに，アメリカ国内では英語のことで問題を抱えるとは皮肉なものである．Tseも言及しているように，アメリカは人種のるつぼではなくて，英語そのものがるつぼ（pot）なのだろう．言語とそれに伴う教育程度，それに比例した経済力でアメリカ社会を見るならば，サラダボールではなくて，何層にも固まったゼリーではないかと思う．一番上は当然白いホイップクリームがのっている．

　2006年3月に，人口の半分をヒスパニックが占めるロサンゼルスで不法移民の取り締まりを危惧して，全米各地に抗議デモが広がり，25日にはロサンゼルスで50万人以上が街頭に繰り出した（『朝日新聞』2006年3月27日）．

　さらに，2011年12月の『朝日新聞』に，アメリカ西部アリゾナ州南端のメキシコ国境に，不法移民の流入を防ぐために，高さ約5メートルの鉄製フェンスが約1,000キロにも及んで建設されているという記事が紹介されていた．その建設に尽力を注いだ1人は，米国内にいる約1,100万人の不法移民が農作業や建設業を担っている現実には触れず，「不法移民は多くの職を米国民から奪い，犯罪を起こす．アメリカの大統領はまず，国民を守るのが仕事だ」と，主張している．黒人初の大統領になったオバマ氏は，人種や党派，経済格差を超えた「1つのアメリカ」を訴えたが，現実と理想はいまだにかい離しているようだ（『朝日新聞』2011年12月18日）．

Marchers in Los Angeles carrying a Mexican and American flag
（出典：Great American Boycott From Wikipedia, the free encyclopedia）

第8章 「English-Only」運動

確認テスト7 提案227の背後にある考え方

(1) 1918年のスペイン語を話す生徒に対応するテキサスの法律と，ネイティブアメリカンの Boarding School の政策との共通点はなにか．
___

(2) In 1990, there were 31.8 million U.S. residents (aged 5 and above) who spoke home language other than English, and of 31.8 million, 1.7 million were _____ Speakers.
　その理由
　　① （ヒント：祖国で異国人）_____
　　② （ヒント：移民）_____

(3) The modern English-only movement dates from 1983, when former Senator S.I. _____ of California proposed to found U.S. English. _____ の州がそれをまねたが，彼らの主張するところは，
　（ヒント：glue）_____
　（ヒント：sink or swim）_____

(4) 1980年代には移民の激増により S. I. _____ が提案して英語公用語化運動の結果（a. 憲法で公用語化　　b. 23州の州法で公用語として指定）された．

(6) 2005年には全米のヒスパニックは，全人口（2億9,800万人）の
　（a. 14.4%　　b. 25.6%　　c. 8.9%）を占めた．

(7) 家庭で英語以外の言語を話している子どもたち（5〜18歳）の割合が高い州
___

(8) これらの州には英語低学力者（LEP）の生徒の割合が高い．
　LEP は（a. Low English Person　　b. Limited English Proficiency）
　　どのような子どもが対象になるか．
___
　　当初，LEP の生徒に英語を効率よく学習する方法と考えられていた
　方法は，(a. 二言語使用教育　　b. English-only) である．

(9) 1998年に提案227がカリフォルニア州で可決された．この法案名は English for the Children と呼ばれているが，実際は二言語使用教育廃止法案と呼ばれる．それはなぜか．

　① この法案が可決された結果，どんな影響が出ているか（くるか）．
　能力的に_____
　心理的に_____
　社会的に_____

# 第9章

日系人と太平洋間移動

　前章まで，アメリカインディアン，黒人，ヒスパニックと，人種と言語，教育に焦点を当てることで，一般的なアメリカ人の言語観を見てきた．この章では政府の考え方を反映している移民法を通して，移民の国アメリカに渡った日本人移民と日系アメリカ人，日本からブラジルへ渡りまた日本へ戻ってきた日本人移民と日系ブラジル人について考える．
　以下，杉野俊子「太平洋を渡った日本人，帰ってきた日系人：グローバリゼーションの落とし子は故郷に錦を飾れたか？」と Sugino, T.『Nikkei Brazilians at a Brazilian School in Japan: Factors affecting language decisions and education』（慶応義塾大学出版会）を中心に太平洋間を移動した日本人移民について考える．

1. 日本からアメリカへ（1885～1924年）

　　加州排日派の巨頭インマンという男は，無礼にも在留同胞を目して多産動物だと言ったことがある．米国官憲の調査するところに依れば，在留日本人の出産数は非常に高率を示している．また事実に於いて西部太平洋沿岸にはママさんパパさんと呼ぶ，頭髪の黒い日本人児童が沢山居るのである．

　この一節は，1923年に，アメリカに6年滞在した後(のち)，一時日本に帰国した筆者の祖父（鈴木無絃）が書き記したものである（鈴木，1924: 9）．
　このように，20世紀初頭の明治末から大正にかけて海を渡った日本人はハワイの23万人を筆頭におよそ85.3万人にのぼる（岡部，2002）．太平洋戦争

前の海外移住は2つの集団に大別される．1つは日本の主権が及ばないハワイ・北米・南米へ低賃金の労働者として海を渡り，多くはそのまま定住した日系人あるいは日系〇〇人と呼ばれる人びとである（米山・河原，2007）．もう1つの集団は，大日本帝国のアジア・太平洋地域の進出にともない，「殖民」として海を渡ったが，敗戦とともにGHQの指令で引揚責任庁となった厚生省の引揚政策で引揚者として日本に帰ってきた人びとである．

　ハワイ・北米に関しては，1885（明治17）年に日本人労働者をハワイ砂糖耕地への組織的に導入する「官約移民」の結果，9年間で合計2万9,000人ほどの日本人がハワイへ渡ったが，同時にアメリカ西海岸への日本人渡航は，1880年代に始まった（東，2002）．しかしその数が増えるにつれ日本からの出稼ぎ労働者は「脅威」として認識され，アメリカへの流入を防ぐことを目的とした日米紳士協定を，日本は1908（明治41）年に結ばざるを得なくなった（東，2002）．すでに米国に在住している日本人は「写真結婚」で妻になる人を呼び寄せることができたが，これも後に，写真結婚で日本人の出生率が上がるのを懸念してアメリカ政府が禁止を言いわたした．その理由が，「この分で行くとカリフォルニアは，日本人が人口でトップになるのでは…」ということであった（松本，2004: 21）．これは，1980年代にアジア系移民とヒスパニックスが急増したことを憂慮して，「言語がアメリカを分裂してしまう」「多言語が英語にとって代わってしまう」などという危機感をつのらせた現象と似ている（Crawford, 1992）．

① なぜ日本人ははるばる太平洋を渡って，アメリカまで行ったのだろうか．
② 彼らの生活はいかなるものだったのだろうか．
③ アメリカの排日移民法はどのような背景で出来たのだろうか．
④ 日本人が遙か遠く離れたブラジルに渡り，近年その子孫が日本に帰ってきた理由は何であろうか．

① _____

② _____
　_____

③ _____
_____
④ _____
_____

(1) グローバリゼーション，移民，日系の定義

　多義的に使われているグローバリゼーションは，一般的には，市場・企業などの国際化や世界化を意味し，冷戦後の金融や情報分野で世界的な自由化過程を指すと言われている（油井，2006: 311）．グローバリゼーションは世界史的には，15世紀末の「大航海時代」にさかのぼるが，ここでは第2次世界大戦後，一貫してアメリカが追及してきた世界規模の自由化を指すものとする．つまり，グローバリゼーションは同時にアメリカの圧倒的優位性を表すものとして，アメリカニゼーション（アメリカ帝国主義）とも言われている（油井，2006: 314）．このグローバリゼーションがもたらしたものは，発展途上国からの低賃金労働力が国境を越えて移動（移民）することで，先進国がそれを利用できるということである（伊豫谷，2001）．

　「移民」は最初からその国の国民になることを念頭においた外国人で，「外国人労働者」は基本的には母国に帰ることを前提として他国で働く者としている（依光，2005: 4）．実際，富国強兵を掲げた明治政府は，企業駐在員や外交官を「洗練された日本人＝非移民」とし，それ以外を「野蛮な日本人，すなわち労働移民」と区別しようとした（野村，2003: 170-185）．「日系」は日本人を祖先とし日本から海外に移住した日本人移民およびその子孫（R. ヒラバヤシ，ヤノ，J. ヒラバヤシ，2006）と定義されている．

(2) ハワイ官約移民から排日法まで

　アメリカ人が敬遠するような過酷な鉄道建設の労働力として半奴隷的な仕事をしていた中国人は，1870年代には6万人まで増えたが，後にデンバー・チャイナタウンなどの暴動で「1880年の中国人移民取締り条例」が出され，1902年の移民法で中国人のアメリカ入国が禁止された（今田，2005）．

日本人移民といえば，明治初期に政府が奨励した「ハワイ官約移民」からはじまり，次に1880年代にアメリカ本土，特に西海岸のカリフォルニア，オレゴン，ワシントン州の農業・林業・漁業の労働力不足を補うために海を渡った結果，1908年にはアメリカ本土へ日本人移民は10万3,000人を超えた．その中にはハワイから本土に渡った3万人を越える労働者も含まれている（東，2002）．当時の日本は，日清・日露戦争からの帰還兵の失業問題，地租改正が原因で，農村，特に西日本地域が困窮化し，徴兵回避や「故郷に錦をあげる」感覚で，移民の数が急増した（オッペンハイム，2008: 393）．日本から押し出すプッシュ要因とアメリカ側の重労働者不足というプル要因が一致したのである．その数は1910年には7万4,000人にもなったが，そこに立ちふさがったのは，人種差別と偏見の壁であった（オッペンハイム，2008）．たとえば，1907年の不況の原因は日本人の増加によるものだと白人労働者が非難し，それが1913年カリフォルニア州で外国人の土地所有を禁じた土地所有法につながっていった（今田，2005: 54）．

　　欧州移民は白人種たる故を以って渡米後短日月の間に市民権を得，自由に土地を所有する事ができるが，吾々同胞は東洋人即ち黄色人種なるが為に，人生の半分以上を加州（カリフォルニア州）の土地にて暮らしても，土地の所有権を許されずして，却って新参者の欧州移民から邪魔者にされ，永年住み馴れた我が加州から駆逐されんとするのである．母校社会の人士は果たして之を何と見らるるか（鈴木，1924: 300）．

　1924年の移民法は，まさしく黄色人種である日系移民を締め出すことを意図していたので，排日移民法とも呼ばれている（鈴木，2005: 122）．この移民法は1965年になるまで修正されなかったので，それまで日本からの移民は1人も許可されなかった．しかしこの1965年移民法はあくまで人種差別的制限を廃止したものであって，移民の増加を促進したものではなかった（伊豫谷，2001: 118）．このアメリカ西海岸の排日主義者は，当時日系一世・二世が総人口の40％を占めるハワイで，ハワイ一世がアメリカ化をせず自分たちの子どもを日本の臣民に育てているという日本人陰謀論を打ちたて，日本人排訴運動に拍車をかけた（物部，2007: 80-81）．

（3）「敵性外国人」としての日系人（第2次世界大戦中）

　黄色人種に対する偏見は，第2次世界大戦中，「敵性外国人」として，12万人以上の日系アメリカ人が財産を没収されて，強制収容所に抑留された．収容された12万人のうち，3分の2は，アメリカに生まれ育ち，市民権のある二世だった（オッペンハイム，2008）．それにもかかわらず，「ジャップはあくまでジャップであり，そのジャップがアメリカ国籍であろうとなかろうと関係ない」（「ジャップ」は日本人を蔑視した呼び方）という西部沿岸防衛司令官ジョン・L・ドウィット中将の放言にも見られるように，戦争中とはいえ，根強い憎悪は続いていた（バイアス，2007: 184）．徴兵とアメリカに完全なる忠誠・服従を誓わなかった二世たちはノーノーボーイ（No-no Boy）と呼ばれた．ステレオタイプ的な見方だと，日本人一世は勤勉に働いて，家庭を築き，二世の教育に熱心で，戦争中は差別にもかかわらず二世は戦場に出て，アメリカ社会に受け入れられ模範的な市民をめざしていたと思われがちだが，実際は，出稼ぎに来た日本人の80%は貯蓄の目標を達成すると，アメリカの人種差別や排日ムードに見切りをつけて帰国している（今田，2005）．さらに二世であっても，日本で教育を受けて米国に戻ってきたKibei（帰米人）と呼ばれていた日系人がいた（安井，2007: 145）．多くの場合，彼らの親は，こどもだけを母国日本に送り返し，親戚の下で母国の教育を施すというものであった．これも，アメリカ社会で一世たちが「帰化不能外国人」とされ，憎悪や迫害の対象になったからである（安井，2007: 145）．

　　日米関係を根本的に解決せんとするには，先ず日本人の帰化権の有無を確定せねばならぬ．若し日本人にこれあるとすれば市民権を得て自由に土地を買収する事を得るを以て，従って加州等に於ける排日的土地法はその効力を失い，自然に消滅することになる（鈴木，1924：322）．

Buses line up on a Los Angeles street to take Japanese American evacuees to camp Japanese Americans at Manzanar
http://www.nps.gov/manz/historyculture/japanese-americans-at-manzanar

(推薦 DVD)
ヒマラヤ杉に降る雪（ジェネオン・コニバーサルエンターテイメント）
アメリカンパスタイム―俺たちの星条旗（ワーナーブラザーズ）

2. 日本からブラジルへ（1908〜1989年)

　カリフォルニア州の日本人排斥運動が激しくなり，1924年の移民法で移民が事実上禁止になったことで，日本人移民はブラジル，ペルーなどラテンアメリカ諸国へと向かった．ラテンアメリカへの移民は，日本政府が国策として将来的に日本に帰国する「一時移民」として農業の仕事を目的として行われたが，それには日本の経済危機と政治変動がプッシュ要因としてあった（川村, 2000: 322）．

　また一方，ブラジル側においては，1919年にブラジル政府は「白人化」をめざしてアジア人と黒人（奴隷）の入国を禁止した．黒人奴隷の労働利用が不可能になったことや，1902（明治35）年にイタリア政府がブラジルでの労働が劣悪だという理由で契約移民の渡航を禁止した（前山, 2002）ことがプル要因となった．つまり，ブラジル政府は「白人化」を目指していたにもかかわらず，渡航費を補助してまでアジア人を労働力として必要としたので，その結果日本人移民が始まった（川村, 2000）．ブラジルでも有色人種に対する偏見が強かったが，日本人は「アジアの西洋人」とし，一時的に許可をしてもらっ

た．その数は 1908～1941 年で 19 万人にのぼると言われている．1991 年の調査では，ブラジルには五世まで含めて約 120 万人の日系人がいる．そのうち 84 万人が両親とも日本人で，混血は 31 万人となっているが，国全体の人口からすると日系は 0.8％を占めるにすぎない（渕上，1995）．

　故郷に錦を飾ろうと意気込んで海を渡ったものの，ブラジルの農場では移民の募集案内とは異なる奴隷的な労働に従事させられて「騙された」と反乱をおこしたり，都市に逃げ出したりする者もいた（渕上，1995；高橋，1997）．ブラジルの奴隷制度は 1850 年の「奴隷輸入禁止例」まで 300 年も続いたので，ブラジル人の農場主は移民を奴隷の代用だとみなしていたようだ（高橋，1997: 79）．生活は過酷で危険だったので，日本人コロニー（コロニア）を形成したり，頼母子講をつくったりして助け合い，最後には「不可能を可能にする農業者」という評価を定着させた（渕上，1995）．

　コロニアでは，移民とその家族は日本の習慣・伝統儀礼・宗教的儀式を通して日本人独特の考え方と価値観と日本語が維持された（川村，2000）．一世の親は，これらの価値観の他に，家族全員が協力して二世にブラジルで学校教育を受けさせようとした．大都市に住む二世は，伝統的日本文化の再生産ではなく，日本文化とブラジル文化の混血文化様式を構築してきた．ちなみに，コロニアでの日本語学校の設立は比較的遅く，1970 年代に創立したところもある（川村，2000）．

> 自分は日系二世だけど，コロニアで育ったので，家の中では日本語ばっかりだった．7 歳で小学校に入った時，ブラジル語は全然できなかったけど，あの頃は当たり前だと思っていた（杉野 b，2008）．

　戦後は，1953 年にアマゾンへの入植移募集を皮切りに，1954 年にブラジルの養蚕協会が，200 家族の導入許可や青年移民も始めた（高橋，1997）．

> うちの親父は，僕が中学三年の時に，養蚕の技術を教えるためにブラジルに行くことにした．移民で儲けて日本に帰るつもりでいたので，日本人は二重国籍にした．日本政府が当時旅費を出してくれた．話がだんだん大きくなって憧れていった（杉野，2003）．

このように戦後（1945-1989）に南米諸国に渡った日本人は約9万3,000人で，移民総数は25万人に達した（坂口，2007: 240）。サンパウロ州内陸部にあるバストス市は，ブラジルでの教育普及率がもっとも高い場所となり，「ブラジレイロ（ブラジル人）」と「ジャポネス（日本人）」の2つのカテゴリーに住民が区別され，1956年に初の日系人市長が生まれた。

次節ではこのようにブラジルに定着したはずの日系移民がなぜ日本にデカセギとしてもどってくることになった理由を探る。

Japanese family in Brazil, Japanese Brazilian From Wikipedia, the free encyclopedia
http://en.wikipedia.org/wiki/Japanese_Brazilians

以下は，日本語の"移民"という概念と，日系人の太平洋間移動を簡単に述べたものである。

Imin History

Despite being officially translated as *immigration and naturalization office* in English, the Japanese government does not actually use the word *immigration* in government documentation, but instead refers to *shutsunyukoku kanri jimusho* (going out of and coming back to Japan control office). Historically, the word *imin* (immigrant) was associated with Japanese emigrants who sought economic advancement overseas, in places like Hawaii, South America, and Manchuria. Therefore, when Japanese use the phrase *Brazil imin*, it means Japanese emigrants who went to Brazil rather than Brazilian immigrants who came to Japan. The word *Nikkeijin*, which refers to descendants of Japanese who emigrated abroad between 1868 and 1973, may be more appropriate in a strict sense. Nikkeijin literally means *sun (Japanese) line people* and does not normally refer to ethnically Japanese people in Japan but to *overseas Japanese* or to members of a migrant society (Roth, 2002). The term Nikkeijin, which emphasizes genealogy, is associated with terms of national affiliation such as Nikkei *Amerikajin* for Japanese Americans and Nikkei *Perujin* for Nikkei Peruvians (Roth, 2002). In the same respect, all persons who were born overseas to a Japanese national can be defined as Nikkei and by the present law, they are eligible for a "spouse or a child of Japanese national" (*nihonjin no haigūsha nado*) visa. Interestingly, nobody is referred to as Nikkei Korean or Nikkei Chinese. Maeyama (1996) illustrated different ways in which Japanese, Japanese Brazilians, and non-Japanese Brazilians referred to themselves and to each other: Nikkeijin was used only when the first generation Japanese emigrants referred to children and grandchildren born in Brazil. Therefore, Roth (2002) concluded that the term Nikkei itself was political because Nikkeijin usually did not refer to them as Nikkei unless the term was used in an official or political context.

In 1899, after the United States, Hawaii, Canada, and Australia tightened immigration controls, Japanese emigrated to South American countries (DeCarvalho, 2003). There were about 190,000 Japanese emigrants in Brazil during the period from 1908 to 1941 (Tsuda, 2003).

Immigration policy has reflected each government's ideology. In 1919, the Brazilian government prohibited the entry of Asians and Africans because it wished to "whiten" the country by spreading the "superior" European science, culture, and nature, while eliminating black African influences. At the same time, Asians were prohibited entry because the government doubted the ability of Asian immigrants to assimilate (Lesser, 2001; Linger, 2001; Roth, 2002).

Japanese were allowed to immigrate only temporarily in order to compensate for a shortage of European immigrants at the beginning of the 20th century (Kawamura, 2000). What contributed to this change in policy was the eagerness of diplomats like Sho Nemoto, who tried to convince the Brazilian government that the Japanese were the "whites" of Asia and therefore could be categorized as "European."

Fuchigami (1995) emphasized that these emigrants were more or less pushed out of Japan because of poverty and the poorly planned emigrant policy of the Japanese government at that time. Around 1910, disappointment was evident on both sides. Brazilian settlers complained about Japanese immigrants' attempts to maintain strong cultural traits (Lesser, 2001), while Japanese immigrants suffered from brutal working conditions and extremely low wages (Lesser, 2001). As DeCarvalho pointed out, "in the south of Brazil the *Issei* often referred to themselves as *kimin* (unwanted, abandoned persons) or *gisei imin* (sacrificial immigrants) because most claimed that they emigrated in a spirit of sacrifice (*giseiteki seishin*) for the good of Japan" (DeCarvalho, 2003, p.55). Gradually, Japanese settled together in remote agricultural communities commonly called colonies (*côlonias*) and remained relatively isolated from the rest of the Brazilian population (DeCarvalho, 2003; Tsuda, 2003). Many Japanese immigrants also became successful in agriculture and enjoyed a good reputation with higher socioeconomic status as a "positive minority"

(Fuchigami, 1995; Tsuda, 2003; Yamanaka, 2003).

Until the end of WWII, Japanese immigrated to Brazil as *dekasegi* (temporary migrant laborers) hoping that they could remain both members of Japanese society and guest workers in Brazil. They were sometimes criticized for making quick money, as shown in the comment by a Japanese Foreign Ministry emigration official: "One defect of the Japanese is to seek quick success. This tendency has been destructive of any chance for Japanese expansion abroad" (Tsuchida, 1998, p.101). At the same time, Japanese living in Japan looked down on people who decided to emigrate overseas because they were mostly poor farmers who would not come back home until they could so called "return to his hometown in glory" (*kokyo ni nishiki wo kazaru*) (Fuchigami, 1995; Roth, 2002; Tsuda, 2003).

Education and Language Maintenance in Brazil

Early Nikkeijin parents in Brazil were eager to provide a good education, so their children were encouraged to continue schooling. During the 1920s, many parents debated whether to educate their children at a Brazilian or Japanese school (DeCarvalho, 2003). Most of the children had to work in the daytime and go to school at night (Ninomiya, 2001; Maeyama, 1997). Through the pre - and post-war periods, most first generation Nikkeijin wished to maintain their Japanese language skills because they had no wish to assimilate into Brazilian culture. Japanese was considered the tie between themselves and Japan (Ninomiya, 2001). However, one older second generation Nikkeijin told me that retaining the ability to speak Japanese largely depended on the parents' view toward education. In his case, because he lived in a colony in *okuchi*, in the deep up-country, they spoke only Japanese and children in that area finished only the minimum years of compulsory education. In the initial period, Japanese emigrants were eager to educate their children in Japanese and established Japanese schools. As a result, during the peak period, there were 20 Japanese schools on the outskirts of Rio de Janeiro (Fuchigami, 1995). Conversely, some second-generation Nikkei were ashamed of their Japanese background, did not want to speak Japanese, and wanted to cut their ties with Nikkei society because they were eager to integrate into Brazilian society (Fuchigami, 1995).

Despite the slow assimilation process of the first generation and their opposition to intermarriage (DeCarvalho, 2003), which they regarded as a crossbred intermarriage (*zakkon*), nowadays 40% of the third generation and 60% of the fourth generation children of Japanese immigrants are married to non-Nikkei Brazilians and their ability to speak Japanese is declining rapidly (Ninomiya, 2001). One explanation for this trend was a strong tendency to suppress Japanese qualities among second generation Nikkei after WWII (Maeyama, 1997). On the other hand, Tsuda (2003) argued that "the maintenance of a Japanese ethnic identity becomes a way of differentiating themselves from the negative aspects of Brazilian-ness while affiliating themselves with the contrasting positive aspects of Japaneseness" (p.82). In fact, participants in Tsuda's (2003) study "agreed with the way they were ethnically characterized in Brazilian society and claimed that they are indeed more hardworking, diligent, honest, educated, intelligent, and responsible than most Brazilians, whom they stereotypically portrayed as lazy, easygoing, irresponsible, immature, and dishonest" (p.75).

With the economic boom in the 1970s and 1980s in Japan, Japanese ceased emigrating. At around the same time, many non-Nikkei and NikkeiBrazilians left Brazil for industrialized countries because of several factors, among them a deteriorated economy and relatively low standard of living in Brazil. Of the 630,000 that emigrated out of Brazil in 1991, 350,000 left for North America and 150,000 left for Japan (Fuchigami, 1995). Many Brazilians, including first to third generation Nikkei Brazilians, felt that they could no longer provide their children with a good education in their own country because it was only available in private schools. Finally, and perhaps the most salient factor, the Japanese government revised Japan's immigration laws to allow Japanese descendants, their spouses, and families to stay and work in Japan without a working visa. This attracted new groups of foreign workers designated by the English loanword *newcomer*, including Nikkei Brazilians (DeBiaggi, 2002; Tsuda, 2003).

(以上, Sugino, 2008)

3. ブラジルから日本へ (1990 ～ 2008 年)

(1) 出稼ぎからデカセギ (*dekasseguis*) へ

日本は 1970 年代まで外国人労働者に依存することはなかったが, 1980 年代の高度経済成長と少子化で単純労働者市場における労働者不足になった. これが日本側からのプル要因になっている.

一方ブラジル側のプッシュ要因としては, 1980 年代には石油危機, 高いインフレ率や増税などが国民生活を圧迫した, 長期不況と失業に加え, 犯罪率も高くなったため, これを機に海外へのブラジル人移住が急増した (三田, 2002: 213-248). 中南米からの日系人が本格的にもどり始めたのは 1985 年ごろであるが, その頃は単身者が多かった (高橋, 1997: 243). 1970 年代後半から 1990 年代にバブル経済が崩壊した時まで, およそ次の 5 つのグループの外国人の流入が始まった. ①接客業で働くアジアの女性たち, ②インドシナからの難民, ③中国人残留孤児とその配偶者と家族, ④語学学校の英語教師を

含めた欧米系ビジネスマン，⑤主に男性だけからなる「ニューカマー」(駒井，1999) と呼ばれる多数のアジア人，である．日本政府は，一貫して特定の「技能」には就労ビザを発行してきたが，一般的な外国人労働者にはビザの発行を拒否してきたので，彼らの増加と不法滞在に対処するため1990年に「出入国管理及び難民認定法」を改正した (伊豫谷，2001: 180)．日本政府はバングラデッシュ，パキスタン，イラン間のビザ免除協定を停止する一方，この出入国管理法で，日系一世から三世とその配偶者と家族に在留資格を与えることにした (梶田，2006)．

その結果，1989年には外国人登録者，98万4,455人中1万4,528人だった日系ブラジル人が，2006年12月31日時点では，外国人登録者208万人中，日系ブラジル人（配偶者含む）は31万2,979人だった．日系人の入国・在留は日本人との身分関係に基づくもので，本来は外国人労働者の需要が増加したことを補う目的ではなかったが，一般的にはそのような役割を期待されたという通説がある (梶田，2006: 111)．現に，1990年の出入国管理法は日系人を優遇しているように見えるが，不法残留者を減らすための口実に使われているのではないかとか，血統の重要性を重んじる単一民族の考え方が，この出入国管理法をイデオロギー的に正当化していると考える学者もいる (Roth, 2001; Tsuda, 2003)．

日系ブラジル人が日本に来る理由は経済的理由だけではなく，日本文化や語学を勉強したい，先祖の国を見てみたいなど，親戚に会いたい，若い人達が日本に来てしまったので孫の世話をするために来た，日系一世（つまり日本人）なので，自分の国に帰って来ただけ，など筆者の聞き取り調査でもさまざまな理由が判明した．

It has only been about 30 years since the presence of foreign workers became a social issue in Japan. From the end of the 1970s to the beginning of the 1990s, when the economic bubble burst in Japan, several large foreign immigrant groups came to Japan. The first group was composed mostly of Asian women who were working in bars and the entertainment industry. The second group was refugees from Indochina, while the third group was Japanese war orphans left behind in China (*Chugoku zanryukoji or Chugoku kikoku shijo*) and their spouses and families. Finally, the fourth group was made up mostly of men from East and Southeast Asian countries, and Latin Americans (Akuzawa, 1998; Komai, 1999). While the Japanese government issues visas to people who have special skills, they refuse to grant visas to manual laborers. The government assumes that foreign laborers are working in Japan as illegal aliens or they are studying as foreign studentsor trainees (Iyotani, 2001).

In 1989, the Japanese government decided to cancel visa exemptions (*sougo menjo kyotei*) for Bangladeshis and Pakistanis, and in 1992 for Iranians after a large number of foreign workers were arrested for working without proper working visas (Komai, 1999; Kawamura, 2000; H. Tanaka, 2003). Due to the alarming rate of illegal workers, the Japanese government also proposed to revise its *Immigration Control and Refugee Recognition Law* in 1989, and the bill passed in 1990 (Tsuchida, 1998; Tsuda, 2003; Yamanaka, 2003). This new law clearly categorizes foreigners into three groups. The first group is made up of individuals judged to possess special skills. People in this group can obtain working visas. The second group is made up of people like manual laborers who do not have special skills. They are usually denied visas. The third group is made up of Nikkeijin, who are permitted to reside in Japan but who usually work at unskilled jobs (Sekiguchi, 2003; H. Tanaka, 2003).

Due to the difficulty for foreigners in Japan to extend or change their visa status, Roth (2002) interpreted this new law as a way for Japanese companies to use Nikkeijin as an attractive alternative to other kinds of foreign labor. Tsuda (2003) argued that the Japanese government did not want to recognize unskilled migrant workers and that the emphasis on bloodline "ideologically justifies" the policy (p.92).

（2） 浜松の日系ブラジル人

2006年外国人登録した日系ブラジル人（配偶者含む）31万2,979人の大多数が職を得やすい愛知県，群馬県，静岡県に集中して住んでいた．中でも静岡県浜松市は，日系ブラジル人が最も多く住んでいた．

筆者の出身地である浜松市はホンダ，ヤマハ，スズキなどの下請け工場が多いので労働力の需要が高いほか，地理的にも三方原台地が土地に広がり感をもたせている．気候も温暖で物価や家賃の面を考えると，都会より比較的住みやすいはずである．2002年頃は週末になると駅ビルでたくさん見かけた日系人も，2008年の時点では，郊外にできた4つの大型店舗でより見かけるようになった．街中には黄色と緑のブラジルの国旗をよく目にするが，ほとんどがエスニック（デカセギ）ビジネスを営んでいるところで，それらはレストラン，旅行代理店，銀行（送金）業務，食料品店，翻訳業者，就職や住居などの斡旋業者などである．多くの看板や注意書きは日本語とポルトガル語で書かれ，銀行の自動窓口機はポルトガル語でも対応でき，バスのアナウンスも路線によってはポルトガル語のアナウンスがついている．

浜松市では浜松国際交流協会（HICE）が中心になって，HICE主催の交流イベント，日本語教室，日伯交流百周年記念行事やセミナーなどをさかんに行っている．しかし，地域の市民の中には，ゴミ，騒音，路上駐車，犯罪，非行問

表8 主な都市に住む日系ブラジル人の数（人）

	人口	外国人	日系ブラジル人	調査年（月）
1 浜松	606,303	22,224	12,766	2004年
	824,443	33,451	19,321	2008年5月
2 豊橋	375,788	16,465	10,293	2004年
3 豊田	357,710	11,619	6,266	2004年 [50]

出典：浜松国際交流協会（HICE）『News』No.274

題などに敏感になって，逆に否定的な反応や偏見を増幅したり，無関心を装ったりしている者もいる．

日系人の中にはブラジルで高学歴を得ている者や専門職を持っていた者もいるが，日本ではアイデンティティ危機に陥りやすい．それは，ブラジルでは，日系人は，ハポネス（Japonês－日本人）と呼ばれているが，日本では自分たちのことを brasilerio（ブラジル人）と呼び，日本人からは「外人」や「ブラジル人」として扱われるという経験をしているからだ（Linger, 2001）．

（3）浜松のブラジル人学校

急激に増加した日系ブラジル人の学齢児童の学習支援のために，浜松市では多くの教育支援システムを備えてきた．たとえば，国際室の管轄であった「カナリーニョ教室」や取り出し授業などである．2002年の日系ブラジル人の児童数は浜松市で1,556人であるが，公立の学校に通っている児童数は873人である．そのうち浜松の公立の学校にもブラジル人学校にも通っていない不登校児童が325人（20.9％）もいた（杉野a，2008）．

特筆すべきは，浜松市には2002年当時ブラジル人学校が7校あった．これは，浜松にはインターナショナルスクールや私立の小学校や朝鮮学校がないということを考えると驚くべき数字である．周辺の掛川市，磐田市を含めると15校にも達する．そのうち，ブラジル政府に公認されている学校は13校である．公認された学校は，教科書とカリキュラムをブラジル本国の学校と同じシステムにし，成績も同様にその基準に合わせてつける．それは，ブラジルにもどった時，向こうの基準に達していれば同じ学年で編入できることを意味する．学校とはいうものの，法律上は各種学校に属するもので，経営方法や設備は，日本の公立小学校を想像するより塾のようなところを想像した方が実情に合っている（杉野a，2008）．

筆者が研究対象にした浜松のエスコーラ・ブラジレイラ・デ・ハママツは，2002～2004年には生徒が130～150人ほどいた．2006年にN先生が学校経営を引き継いだ時は，ブラジル人学校の増設で競争率が増し，生徒数は幼稚園から高校生を含めて100人になっていた．校庭や運動場があった以前の場所

から立ち退きを余儀なくされた．現在の学校には運動場がない．

In accordance with the result in the previous section that almost 90% of the students spoke mostly Portuguese at home, over 70% of the students felt that they could speak and read Portuguese well or very well. This compared with only 34% of the student who felt that they spoke Japanese well and 16% who believed that they read Japanese well. Almost 40% of the students reported that their speaking ability in Japanese was bad and 58% stated that their reading ability in Japanese was bad. The corresponding percentages for Japanese ability were much below 5%. Overall, the students consistently rated their Portuguese language skills higher than their Japanese skills.

On the other hand, though 21 of the 88 student participants had attended Japanese school, and I felt that several interviewees spoke excellent Japanese, no students responded that they spoke or read Japanese very well. Among those who responded that they spoke Japanese well, only half of them felt they could read Japanese well. This matches the data shown in Table 1 in which four parents chose the Brazilian school because their children could not adequately cope with the Japanese language.

The questionnaire results revealed patterns regarding the students'

Table 1 *Descriptive Statistics of the Students' Self-perceived Proficiency in Portuguese and Japanese*

$N = 88$

Ability	Portuguese		Japanese	
	Speaking	Reading	Speaking	Reading
Very well	21 (23.9%)	23 (26.1%)	0 (0.0%)	0 (0.0%)
Well	44 (50.0%)	40 (45.5%)	30 (34.1%)	14 (15.9%)
Fair	20 (22.7%)	24 (27.3%)	23 (26.1%)	23 (26.1%)
Bad	3 (3.4%)	1 (1.1%)	35 (39.8%)	51 (58.0%)

Sugino (2008)

Table 2 *Students' Opinions of the Brazilian School*

	Item	Not at all	Not so much	Pretty much	Very much
1.	Brazilian school is fun.	1	4	33	50
2.	Brazilian school friends are kind.	1	4	35	48
3.	Brazilian teachers are kind.	0	9	29	50
4.	Brazilian school rules are strict.	3	16	45	24
5.	Brazilian teachers are strict.	6	12	50	19
6.	Studying Portuguese makes me happy.	1	4	21	62
7.	Studying Portuguese makes me feel proud.	4	11	29	44
8.	I can do many things better than Brazilian classmates.	6	33	42	7
9.	I am active at Brazilian school.	0	9	36	43
10.	Brazilian classmates are interested in Japan and Japanese.	2	21	53	12
11.	Teachers tell us to speak only Portuguese.	10	8	33	37
12.	Brazilian teachers praise me.	8	26	46	8
13.	My grade in Portuguese is good.	7	24	44	13
14.	I am interested in Brazilian history and geography.	2	12	37	37
15.	I feel Brazilian at Brazilian school.	0	0	12	76

Sugino (2008)

perceptions of the Brazilian school and themselves. The number of students who selected each response for the 15 items in Part III of the questionnaire is shown in Table 2.

The questionnaire results were consistent with the observations and interviews. Eighty-three out of 88 respondents felt that the Brazilian school was fun and that their friends and teachers were kind. In addition, almost 70% of the respondents felt that Brazilian school rules and teachers were strict. Of the 88 students, 34 students felt their Brazilian teachers do not praise them at all or not so much, but despite this perception, they felt that their Brazilian teachers were kind. The majority of the students stated that studying Portuguese made them feel happy and proud and that they were quite active at the Brazilian school. However, 31 out of 88 students also indicated that their grades in Portuguese were not so good or not good at all. Almost all the students stated that they were very interested in Brazilian history and geography and that their grades in Portuguese-language classes were better than their grades in Japanese-language classes. All of the students felt Brazilian at the Brazilian school, while at Japanese schools, 40% of the students felt a diminished Brazilian identity (answering either *Not much* or *Not at all* when asked if they felt Brazilian). One could conclude that despite a similar positive attitude toward studying Portuguese or Japanese, this clearly did not translate into other aspects of the students' life at school. (以上, Sugino, 2008)

アンケートやインタビューから,「この学校に通う理由は,すぐブラジルに帰るつもりなので,帰っても勉強と言葉に困らないようにする」「親は日本語ができなくても工場で働けるから子どももできなくても良いと思っている」「月謝が高いが,親は一生懸命働いて子どもは帰国後ブラジルの大学に行ってもらいたいと思っている」という理由があがった.その他,以下のコメントを紹介する（杉野 a, 2008）.

  こちらの学校に転校してきて,自分たちの気持ちがぱっとひらいた.日本の学校に行っていると,友達が言っていることがわからなくておもしろくなくなってしまう.今は何でもわかる.気持ちがぱっと開く.勉強ができなくても心が明るくなる.
  子どもたちは行き場がない.だから学校だけでなく,大学・専門学校に連れていって見学する.リサイクル工場も見学に行った.
  日本の学校が好きでも辞めてくる子がいる.日本の学校でうまくやっていた子はここに来ると全く勉強をしなくなる.親が決める.子どもの気持ちは無視.ブラジルでは親は強い.でもだんだん友達も出来て成績も上がる（杉野 a, 2008）.
（副校長）

1〜6年生まで日本の学校に行っていた．給食がよかったし，6年の時の先生はやさしかった．勉強のことを細かく言われた．こっちの方が楽しい．友達とか…日本の学校でいじめられた．自分がいじめられたことが我慢できなくて，ぼこぼこにした．すっきりした．この学校に来た理由は日本の学校が嫌だったし，ポルトガル語を忘れないように．小学校では50人くらい，中学校では10人くらいブラジルの子がいた．でもブラジル人同士あまり助け合わなかった．日本人しか興味のない子が多かった．先輩は助けてくれた（杉野a, 2008）． 　　　　　（15歳7年生）

　自分は日本人だが，中学の3年でブラジルに渡った．自分はどっちつかずだった．中途半端．学歴がないので悔しい思いをした．だから子どもたちは日本に連れてこなかった．教育がむちゃくちゃになった子をたくさん見てきたので，上の女の子は医学部に入った． 　　　　　（日本と二重国籍，60歳代，男性）

Brazilian elementary school. Hamamatsu, Japan 2002
http://www.discovernikkei.org/en/nikkeialbum/items/2589/

　日系ブラジル人の親がブラジル人学校を選択した理由は複雑で一概には言えないが，「ブラジル人学校の方が楽しい．理由は悩みがないから．日本の学校では友達ができなかった．ここではみんな仲間．こっちは言葉が通じやすい」という日系ブラジル人の子どもの言葉が示すように，母語維持，教科の学習，アイデンティティの確立が主な理由だという結果が出た．

4. 浜松住人と日系ブラジル人の関わり

Sugino（2008）の中で，ブラジル人学校の親の教育言語選択に影響を与える要因の1つとして，日本人の国際化や外国人に対する二面性が考えられると論じた．たとえば，単一民族＝血統の重視や，日本民族と日本文化の特異性を強調する一方，1980年代に外圧により国際化を推進しJETプログラム（95％は英語圏から）が広がった．しかし，日本社会にはまだ「国際化＝西洋人」，「外国人＝アメリカ人＝英語を話す，白人，現代人」という考え方や，「日系ブラジル人＝外国人労働者」という考え方が根強く残っていて，日系人として来日したのに文化的・民族的に異質だと扱われる場合が多々報告されている（杉野 c, 2008）．

その調査途中で，2万人ほどの日系ブラジル人が生活している浜松の知人の多くが，英語学習には熱心な反面，日系ブラジル人とはほとんど接触なく生活していることと，杉野（2008）の研究を含めて，上記の観点でデータを定量分析した先行研究は少ないという点が本研究の動機付けとなった．

研究課題は，以下の点を解明することである．
① 一部の熱心な日本語ボランティア教師以外は，浜松市の地域住民の多くは，英語学習などに熱心な反面，日系ブラジル人とはほとんど接触なく生活しているのではないか．
② 日系ブラジル人と積極的に関わりたいと思っているのか．
③ 日系ブラジル人の言語観や言語選択を尊重しているのか．
④ 共生と言われているが，欧米人とは異なる物差しで彼らを測るという側面をもっていないか．

（1）研究方法

アンケート調査協力者は，浜松市あるいは浜松市周辺の住民で，年齢は高校生から70歳代であった．有効回答数は438，男性142人（32.4％），女性296

人（67.6％）であった．アンケート用紙は，先行研究となった杉野（2008）の質問票を参考にし，HICEでボランティアをしている浜松市在住の知人と，社会言語学の専門家にアンケートの内容を精査してもらった．アンケートの構成は付録4の通りである．

質問事項は以下の3つパートから成る．

パート1　年齢，性別，職業，外国人との関わり．

パート2　外国語の学習歴，留学したい国，国際化，日系，ネイティブ・スピーカーから連想する単語．

パート3　ブラジル人学校の長所，日本の学校の長所，浜松とその周辺のブラジル人が日本人に望んでいること，ブラジル人がもっと努力した方が良いと思う点など，先行研究でブラジル人の親（50人）に聞いたのと同じ項目を入れた．

配布は，浜松市の知人12人を通して，2008年7月より地域住民に3部からなるアンケートを無作為に行った．配布総数は524枚．夏季休暇中と重なった点と配布協力者の個人的な理由で，9月までに170枚回収，10月に114枚，11月の第1週で120枚を回収し，12月に計438枚を回収することができた．最終的な回収率は524枚中438枚で83.5％となった．

（2）分析結果

パート1の(1)-(6)は年齢，性別，浜松（付近）在住年数，最終学歴，職業からなる．(1)の年齢は表9の通り．

(2) 性別は，438名中，男性142人（32.4％），女性296人（67.6％）だった．

(3) 在住年数は，20年以下140名，20〜30年81名，31〜40年67名，41〜50年55名，51〜60年44名，61〜70年44名，70年以上は7名だった．

(4) 61.9％が浜松市内，12.6％が浜松近郊，10.3％が浜北市に住んでいると回答．

(5) 最終学歴，職業は表10に示した．

(7) 現在，仕事で外国人と関わる仕事をしていますか．

「はい」は96人（21.9％），「いいえ」は339人（77.4％）無回答は3人（0.7％）．

「はい」と答えた者で，どこの出身国の人と関わっているかという問いには，

表9　調査協力者の年齢構成

年齢構成	人数	パーセント	N=438	M=3.8
1. 19歳以下	80人	18.3%		
2. 20-29歳	44人	10.0%		
3. 30-39歳	74人	16.9%		
4. 40-49歳	52人	11.9%		
5. 50-59歳	76人	17.4%		
6. 60-69歳	97人	22.1%		
7. 70歳以上	15人	3.4%		

表10　調査協力者の最終学歴，職業

最終学歴	人数	パーセント	職業	人数	パーセント	N=438
高卒	173人	39.5%	学生	93人	21.2%	
専門学校	43人	9.8%	会社員	132人	30.1%	
大卒	123人	28.1%	公務員	27人	6.2%	
その他（中卒，在学中，大学院）			主婦	101人	23.1%	
	90人	20.5%	その他（自営業，無職など）			
				62人	14.2%	
無回答	9人	2%	無回答	23人	5.2%	

英語圏23人，ヨーロッパ14人，日系ブラジル人・ペルー64人，中国18人，その他16人と答えた．
(8) NPOやボランティアで外国人と関わっていますか．
　　はい（14人，3.2%），いいえ（413人，94.3%），無回答（11人，2.5%）
(9) 自治会・教会・子ども会で関わっていますか．
　　はい（14人，3.2%），いいえ（414人，94.5%），無回答（10人，2.2%）

パート2は，外国語の学習歴，留学したい国，国際化，日系，ネイティブ・スピーカから連想する単語を438名の調査協力者に記入してもらった．ここで調べたいことは「国際化＝西洋人」，「外国人＝アメリカ人＝英語話者」，「国際化＝西欧化」などの考えが現れてくるかである．ここでは，必要なデータだけを紹介する．(1)，(2)は個人の英語学習，(3)，(4)は英語以外の外国語学習に対する質問なので，ここでは省略する．

(5) これから習ってみたい外国語を1つ選ぶとしたら何語か（選択肢あり）．
　　1．英語（135人）　　　2．フランス語（41人）　3．ドイツ語（18人）
　　4．ポルトガル語（41人）　5．中国語（23人）　　6．韓国語（10人）
　　7．その他（スペイン語など）（18人）　8．考えていない（143人）
(6) 留学するチャンスがあれば，最も行ってみたい国はどこか（自由記入）．
　　1．アメリカ・ハワイ（62人）　2．イギリス（51人）
　　3．オーストラリア（46人）　　4．フランス（34人）　5．カナダ（22人）
　　ブラジルは3人で，ロシア，台湾と並んで15位であった．
(7) は，海外転勤になった場合，自分の子どもを最も入れたい学校を一つ選んでもらうという設問だった．これは，外国語としては英語を含め欧米圏の言語，母語として日本語に価値を置いているかどうかを調べるためである．表11はその回答である．

表11　海外転勤の際の子どもの学校選択

欧米圏（オーストラリアを含む）　N=438	アジア圏（東南アジア，アラビア圏）	アフリカ諸国と中南米
1．インタナショナルスクール　43.8%	1．インターナショナルスクール　42.7%	1．インタナショナルスクール　39.5%
2．現地校　25.3%	2．日本人学校　34.2%	2．日本人学校　37.0%
3．日本人学校　21.5%	3．現地校　11.6%	3．現地校　11.4%

(8)～(10)については，それぞれの言葉から連想する単語を最大5つ書いてもらった．それぞれの言葉について調査協力者が記入した言葉を全部羅列し，検索機能を使って頻度を記入した．表12は頻度の多い語句を並べたものである．

パート3はブラジル人学校の長所，日本の学校の長所，浜松とその周辺のブラジル人が日本人に望んでいること，ブラジル人がもっと努力した方が良いと思う点などを回答してもらった．
(1) 浜松（近辺）在住の外国人で個人的に特に親しくしている人はいますか，また(2) どこの国の人ですか，という質問に，「はい」は56人（12.8%），「いいえ」は376人（85.8%）6人が無回答であった．(2)については，親

表 12 「国際化」「日系」「ネイティブ・スピーカー」から連想する単語

国際化	英語・アメリカ人関連（58）外国語・外国・外国人（42） 国際交流・異文化理解・国際親善関連（108） 共存・平和・国際協調関連（104），金融・企業・経済関連（70） 他，（食）文化，科学技術の他，日本伝統消滅，日本人の自覚など
日系	ブラジル・ブラジル移民，2・3世（303） 移民（52），企業・日系企業（28），アメリカ・アメリカ人（22） 苦労・労働・開拓（20）， 他，差別，戦争，強制収容，黄色人種，アジア，親近感，真面 几帳面，成功，外国人，外国人労働者，日本文化，日本，日本人
ネイティブスピーカー	語学教師・英会話講師・ALT・外国人・帰国子女・英語・英会話・英米人・留学・バイリンガル（185） 発音・ぺらぺら・早口・rとlの発音ができる・流暢（58） 母国語・母語・日本語・現地語・現時人（29） 共通語，国際化・言葉・なまり・方言・言語，発音（23） 他，すごい人，格好良い，あこがれ，うらやましい，排他的，国際人，エリート，国際派，劣等感，緊張，むずかしい，私には関係ないかも，日本人になじめない，孤独，度胸 ネイティブ・スピーカーの意味がわからない

しくしている人は主に，アメリカ，イギリス，カナダの出身者である．イラン，中国，ベトナム，ペルー人と答えた者もいたが，ブラジル人は見かけたら話をする程度だと 13 人が答えた．

(3) 浜松（近辺）にブラジル人学校があることを知っているのかという設問に対して，このアンケートを配布した 2008 年 7 月の時点で 7 校あったブラジル人学校の存在を知っている調査協力者は，「はい」と答えた者が 315 人（71.9%），「いいえ」は 115 人（26.3%）であった．

(4) は省略

(5) 日系ブラジル人の子どもたちは日本の公立学校に通うべきだと思うかという設問に 438 人中 109 人（24.9%）が「はい」と答え，20 人（4.6%）が「いいえ」と答えた．大多数（297 人，67.8%）はどちらともいえないと答えた．

(6) 日系ブラジル人が日本の社会に共存していくことは
よくわからない　（66 人　15%）

大変大切だ	大切だ	多少大切だ	大切ではない
115 人（26%）	186 人（42%）	51 人（11%）	5 人（1%）

(7) 日系ブラジル人自身が日本社会に共存していくことに対して

大変大切だと思っているだろう	たぶん大切だと思っているだろう	大切でないと思っているだろう	どう思っているのかわからない
40 人（9%）	252 人（56%）	21 人（5%）	111 人（25%）

(8) 日系ブラジル人が日本人に望んでいること（回答の多い順）

日本人住民側　　　　　　　N=438	ブラジル人の親の回答*　　　　N=50
1 もっとブラジル人を理解してほしい	1 もっと仲良くしてほしい
2 もっと仲良くしてほしい	2 外国人として扱わないでほしい
3 ブラジルの習慣・文化を勉強してもらいたい	3 もっとブラジル人を理解してほしい
4 外国人として扱わないでほしい	4 ブラジルの習慣・文化を勉強してもらいたい
5 ポルトガル語を習ってほしい	5 ポルトガル語を習ってほしい
6 カポエイラのことを知ってほしい	6 カポエイラのことを知ってほしい

*杉野 a（2008）で同じ設問項目で 50 人のブラジル人の親に回答してもらった結果を，比較のために掲載．

(9) ブラジル人がもっと努力した方が良いと思う点（回答の多い順）

日本人住民側　　　　　　　N=438	ブラジル人の親の回答*　　　　N=50
1 日本の社会的規則を覚えた方がよい	1 今のままでよい
2 日本の習慣や文化を勉強した方がよい	2 日本の社会的規則を覚えた方がよい
3 日本の社会のことをもっと理解した方がよい	3 日本の習慣や文化を勉強した方がよい
4 もっと日本語を習ったほうがよい	4 日本の社会のことをもっと理解した方がよい
5 ブラジル人だけと付き合わないで，日本の人と付き合ったほうがよい	5 ブラジル人だけと付き合わないで，日本の人と付き合ったほうがよい
6 自分たちのことをも理解してもらえるように努力した方がよい	6 もっと日本語を習った方がよい

*杉野 a（2008）より．日本人の住民側に聞いた設問「6　自分達のことをもっと理解してもらえるように努力した方がよい」の代わりに「今のままでよい」という設問にしたため，回答内容が異なっている．

（3） 自由記入の定性データ結果

以下は自由記入欄に書かれた意見を抜粋したものである．文章は原文の通りである．

特に偏見はないが，一箇所に大勢のブラジル人たちが移動し集団で行動する姿を目にするため圧迫感を感じることがある．しかし，声をかけると日本語が上手なので，親近感を覚える．　　　　　　　　　　　　　　　　　（30歳代　女性）

一部のブラジル人の行い（犯罪など）で多くのブラジル人が住みにくくなっているのは悲しいことだと思う．いい人もたくさんいるので，お互いに気持ちよく暮らせたらよいと思う．　　　　　　　　　　　　　　　　　　（20歳代　女性）

あまり関わりがないのでよく分からないのですが，「日本人」「外国人」ということで，悪い意味での差別をするのは良くないと思う．交流などの機会がもっと多ければ，おもしろいのではないかと思います．　　　　　　　　（20歳代　男性）

日常生活を送る中で，本当に全く外国の方々と接せることがないことに，あらためて気づかされました．なんとなく，さけているところがあるな…（外国語への苦手意識から）と反省しました．　　　　　　　　　　　（30歳代　女性）

ブラジル人は真面目な方が多いと思う．一部の人の品のない行動は，日本人でも同じ割合で存在するのに，目だってしまう．日本人は警戒心が強いので，距離ができてしまう原因になる．海外に簡単に行ける環境ではないのが，根本にあると思う．　　　　　　　　　　　　　　　　　　　　　　　（30歳代　女性）

日系ブラジル人の子どもにおける教育は親の収入が教育への考え方に大きく左右されていると感じる．日本での教育も十分に受けられない状況も多く，ブラジル人だけの社会にとじこもっている子どもやその親の存在も実際にある．両国での教育を十分に受けられないことどもが一番つらい立場に立たされていると思うので，ブラジル人の親を教育する機会を十分にとれるようにしておかなければならないと感じている．　　　　　　　　　　　　　　　　　　　　　　　（30歳代　男性）

今現在日系ブラジル人，その家族と仕事をしているので，日本社会においての存在はとても身近で大切なことだと感じています．日本で生まれすんでいる私たちから見ると理解しがたい考えや行動と感じることもあるが，私たちが受け入れる気持ちも大切ではないかと思う．　　　　　　　　　　　　　　（30歳代　女性）

車の運転免許を所持し，車に乗るブラジルの人が多いと思いますが，交通ルールやマナーが悪いです．川遊びに来てバーベキューを楽しむのはいいことだと思いますが，帰る時はごみを持ち帰るなど，マナーを守ってほしいです．（40歳代　女性）

日本社会は，使い捨てのような労働者として扱わないで，日本の経済や社会を支える人たちとして，地方や地域に根付き，子どもを産み育てたいと思えるような共

存していけるように，行政も力を入れるべきだ． (40歳代　女性)

　私は仕事上 10 数年日系ブラジル人たちと仕事を共にしておりますが，性格など大きな問題は，いまだ解決されません．基本的には，日本人とはうまくできないと思います． (40歳代　男性)

　自治会などの地域活動における交流を促進する必要がある．ブラジル人の税などの滞納，病院への費用不払い，帰国に際しての自動車お不法投棄は大きな問題です．こうした風潮にブレーキをかけるための方法論を一緒に検討してはどうか．
(50歳代　男性)

　異文化を認め合う社会が必要である．日本人も積極的に地域の外国人と親しく付き合うことが大切で，外国人も日本人に積極的に話しかけてほしいと思う．
(50歳代　男性)

　私の年代ですと外国人に対して言葉が話せないことと，相手が何を考えているのか理解できないので，敬遠しがちです．でもこちらでそういう態度をとることがあいての方も感じとって近づくことをしないのが現状です．仲良くなりたいと思っていますので，まず自分の方から親しく近づかないと思いつつ，まだチャンスがありません． (50歳代　女性)

　私たちは直接たずさわっていませんので，あまり関心がないです．
(60歳代　女性)

　以上，回答があった 438 人のアンケートの定量・定性分析した結果をまとめたが，その結果からまとめと考察をしたい．

（4）まとめと考察

　前にも述べたが，浜松市の住環境は良好で，自治体も在住外国人との共生に積極的に取り組んでいる．「世界都市・浜松」を目指しているとはいえ，東京や横浜との温度差は如実である．つまり，浜松市は日系ブラジル人が一番多く住んでいる地方都市ではあるが，多民族・異文化を受け入れる土壌は大都市とは比較にならない．

　外からの人的移動は増加したが，住民の移動は顕著ではない．大多数は，地元で高校を卒業した後そのまま浜松に近隣の大学に進学しても U ターン組が多い．それが調査協力者の在住年数にも現れている．

　本章の研究の動機となった発端は，浜松の知人の多くが，英語学習には熱心

な反面，日系ブラジル人とはほとんど接触なく生活していることに驚きを感じたことであった．それが，以下の4つの研究論題につながった．

ここでは，一つひとつの研究論題に対して，考察をしていきたい．

① 一部の熱心な日本語ボランティア教師以外は，浜松市の地域住民の多くは，英語学習などに熱心な反面，日系ブラジル人とはほとんど接触なく生活しているのではないか．

これは，パート1の設問（7），（9），（11）の回答からも現れている通り，「はい」と答えた者は，仕事上では96人（21.9%），NPOやボランティア，自治会・教会・こども会で14人（3.2%）だけであった．仕事上の場合，数としては日系ブラジル人・ペルー人が64人で一番多かったが，「はい」と答え者の多くは医者，教師，あるいはトラック運転手だということもある．NPOやボランティア，自治会・教会・こども会などの接触が少ないのには驚かされた．

② 日系ブラジル人と積極的に関わりたいと思っているのか．

浜松（付近）在住の外国人で特に親しくしている人はいるかという問いに，438人中56人が「はい」と答えたが，親しくしている人は主に，アメリカ，イギリス，カナダの出身者で，親しい程度も，外で一緒に食事に行く，家に招くなど親密度が高い．日系ブラジル人と，友人として親しくしていると回答した者は438人中13人だけであった．しかも，食事を一緒にするとかではなく，見かけたら声をかける程度であった．自由記入にも，年代を問わず，「関わりがない」あるいは「関わりあいたくない」というような回答があった．

③ 日系ブラジル人の言語観や言語選択を尊重しているのか．

調査協力者438人中115人（26%）が2008年の夏当時7校ある浜松のブラジル人学校の存在を知らなかったというのは驚きである．というのは，浜松市が国際交流の一環として行っているイベントの記事が地元の新聞に常時載っていて，その中には，ブラジル人学校についての記事も含まれているからだ．パート3の（5）で，日系ブラジル人の子どもたちは日本の公立学校に通うべきだと思うかという設問に438人中109人（24.9%）が「はい」と答えたが，自分自身がアフリカ諸国や中南米に海外転勤になった場合，自分の子どもを現地校に入れると答えた人は11.4%であった．これは，自分に当てはめた場合に

は英語が学校言語になっているインターナショナルスクールか，日本語が学校言語になっている日本人校に入れるが，日系ブラジル人には，日本の小学校に通った方がよいという矛盾の現れではないかと思う．

　つまり，日本人の場合は英語か日本語の言語価値が高いが，日系ブラジル人の場合のポルトガル語の価値を少なく査定していると考えることができる．ただし，これから習ってみたい外国語は英語がトップであったが，ポルトガル語もフランス語とならんで 38 人が習ってみたいと回答した．これは日系ブラジル人がいなければ起きなかった現象だと思う．

　④　共生と言われているが，欧米人とは異なる物差しで彼らを測るという側面をもっていないか．

　日系ブラジル人が日本の社会に共存していくことに対し，67％が「大変大切だ」「ある程度大切だ」と回答した．しかし，仕事や友人として関わっている数は，欧米の人たちよりも少ない．

　「国際化＝欧米化＝英語＝憧れ」という図式は，これから習ってみたいと思う外国語や，留学したい国というところにも現れていた．両者とも英語，英語圏の国という回答が圧倒的に多かったからである．

　また，この図式は，「国際化」という言葉から連想した時に顕著に現れた．異文化理解や国際親善関連も 108 と挙がったが，英語・アメリカ人・アメリカ・語学教師と連想した人が多かった．この回答の中に日系（ブラジル人）という回答は 6 だけであった．逆に，「日系」から連想する言葉は日系ブラジル人が圧倒的に多かった．「ネイティブ・スピーカー」は一般に「母語話者」を意味するので，皆が各言語の母語話者だが，マスコミなどの影響か，これも圧倒的に「語学教師・英会話講師・ALT・外国人・帰国子女・英語・英会話・英米人・留学・バイリンガル」（185 人）「発音・ぺらぺら・早口・r と l の発音ができる・流暢」（58 人）という答であった．また，英語に対する苦手意識を植えられているせいか，英語を話せる人は「すごい人，格好良い，あこがれ，うらやましい，国際人，エリート」と答えた反面，「劣等感や緊張感」という回答がでたのも興味深い．

　日系ブラジル人のことはよくわからないと答えつつも，アンケートの最後の

「ブラジル人がもっと努力した方が良いと思うことはなにか」という質問に多くが積極的に回答した．「日本の社会的ルールを覚えた方がよい」(296人)「日本の習慣や文化を勉強したほうがよい」(209人)が「日本の社会のことをもっと理解したほうがよい」(198人)「もっと日本語を習った方がよい」(158人)（複数回答）を上回った．

　本章の研究のアンケート結果から，日系ブラジル人が一番多く住んでいる浜松市の地域住民でも，欧米や英語に比重を置く国際化や外国人に対する日本人の二面性が浮き彫りにされたと結論づけてよいだろう．現実は浜松市が取り組んでいる「多文化共生社会」と温度差があると感じる．共生だけでなく，国策として日本から海外に移民した日本人と，出入国管理法の改正によって日本にやって来た日系ブラジル人に対して，人的移動は法律の範疇であるが，言語選択や母語維持を含めた言語学習についてより体系的かつ現実に則した対策が必要だと思う．グローバリゼーションが進む中，労働力の移動はますます増加していくと思うが，グローバリゼーションが進むがゆえに英語の優位性が顕著になり，ユネスコが提唱している「少数言語を含めた他の言語の認知と尊重や，多文化理解と相互言語学習の重要性」から程遠いものになってしまうだろうし，そのような意識が住民の間に定着するのには，とてつもない時間がかかるだろう．この研究結果が，いずれは訪れるであろう「移民国家日本」の真の意味の「国際化」を考える上で多少なりとも貢献できれば幸いである．以下，「日本人論」と「国際化」に対する矛盾した視点について述べたものである．

Ambivalence about Nationalism and Internationalism

　Nihonjinron, nationalistic sentiment, and internationalization movements have occurred alternatively or simultaneously depending on Japanese economic and political situations. For example, the Meiji government's *Datsua nyūō* (Escape Asia, Enter Europe) slogan began immediately after Japan opened the country in 1868, after 300 years of seclusion (*sakoku*) under Tokugawa rule. With the Meiji government actively seeking help from the West in militarization and industrialization, many Japanese had mixed feelings of xenophobia, admiration, and interest towards Western civilization. In this sense, Japan did not want to identify with an Asian or Eastern country because "the equation of modernity and the West and backwardness and the East, implied that modern Japan was, if not Western, at least not Eastern" (Lie, 2001, p.40). This desire to catch up and pass the West prevailed until Imperial Japan gained confidence in its military power by winning the Russo-Japanese War in 1905, a victory that resulted in increased ultranationalist rhetoric. While Japan long held the view of European superiority, it also saw in its neighbors Asian inferiority (Lie, 2001, p.40). Japan justified the annexations of Taiwan (1890-1945) and Korea (1910-1945) by viewing other Asians as uncivilized and inferior. Though this ideology accelerated prejudice and exclusion against Asians, Lie (2001) argued that the ideology of "one nation, one people" was not dominant in prewar Japan because the colonization of Taiwan and Korea may have promoted Japanese ethnonational chauvinism, forcing Imperial Japan to assert its multiethnic origins and assuage dissent among its neighbors (p.122).

Defeat in WWII gave many Japanese a sense of cultural inferiority, so much so that a notable writer, Shiga Naoya, proposed in 1946 that Japan should enact French as the official language (Lie, 2001). The sense of cultural inferiority and the adoration of the West persisted throughout the 1970s and 1980s, and perhaps in reaction, Nihonjinron flourished in the late 1970s and 1980s in the wake of a wildly successful economy. When the bubble economy burst in the early 1990s, former Prime Minister Keizo Obuchi proposed a law making English a second official language, indicating a shift away from Nihonjinron.

As seen from this brief historical account, Japanese society has held ambivalent notions about foreigners and internationalization.

Many Japanese admire the English language and foreigners, a feeling that forms the basis of the Japanese government's movement toward "internationalization." Yet, when Japanese use the term *foreigner*, most associate it with Westerners. Indeed, there is a commonly held and deeply rooted view in Japan that foreigner equals American, and American equals an English-speaking, white, modern person. As a result, Japanese citizens usually have positive attitudes toward English and people from English-speaking countries (Lie, 2001; Sekiguchi, 2003).

Because internationalization in Japan often implies westernization and knowledge of English, even MEXT (Ministry of Education, Culture, Sports, Science and Technology) has exploited these notions in promoting English in elementary school education, instead of promoting multiple perspectives using multiple foreign languages. The following passage is from the MEXT Handbook (2001):

> Elementary school students are keenly interested in new things and are at a stage where they can naturally absorb other cultures through languages and other means. Exposure to English during these years is extremely important not only for developing communicative ability but also for deepening international understanding. (p.123) [Original in English]

In contrast, and further evidence of Japanese ambivalence towards foreigners and internationalization, Japanese are very careful about preserving cultural boundaries against foreign threats. According to Tsuda (2003):

> This essentialist ethnic assumption applies not only to the Japanese in Japan but also, to a lesser extent, to those of Japanese descent born abroad, because it is assumed that Japanese culture will be transmitted

through family socialization or 'blood' to those of Japanese descent regardless of national boundaries. (pp.116-117)

Although the new immigration law granted Nikkei Brazilians a new type of visa emphasizing their bloodline, in many cases, Japanese treat them as culturally and ethnically distinct rather than as individuals of Japanese descent. Furthermore, many Nikkei Brazilians themselves may not fully identify with Japan (DeCarvalho, 2003). This tendency to equate ethnicity with nationality affected the Japanese government's postwar naturalization policies and resulted in the establishment of a new immigration law in 1990 (Cary, 2001). The new law, which took effect on 1 June 1990, was essentially the same as the previous law in that it limited imported labor to skilled occupations, but it included two important new measures. According to Yamanaka (2003), "First, in order to eliminate illegal labor, it instituted criminal penalties for the recruitment and hiring of unskilled foreign workers. Second, the law created a new 'long-term' visa exclusively for descendants (up to the third generation) of Japanese emigrants" (p.133)

Ambivalence can also be seen in the national government's policy of not recognizing or welcoming the settlement of foreign immigrants in Japan even though a large number of NGOs (non-governmental organizations) have acknowledged their presence and assisted them in their daily life for over a decade (Roberts, 2003). Additionally, Japanese make a distinction when referring to the Japanese language depending on who is using it. The word *kokugo* (national language) isused for language spoken by Japanese, and *nihongo* (Japanese language) is used for the same language when used by non-Japanese. Between WWI and WWII (1914-1945),

Imperial Japan imposed the exclusionary term *kokugo* on people in Korea, Manchuria, Taiwan, and parts of the South Sea Islands who were then considered Imperial subjects (Kaplan & Baldauf, 2003). Alternatively, the present Japanese municipal governments provide many language aids outside of school to the children of immigrants, yet the exclusionary term *nihongo* is used. It appears that the term *kokugo* is closely associated with national identity, although there is no difference between the two forms of Japanese.

In Japan, MEXT has controlled virtually every aspect of public education, including writing styles and the simplification and/or standardization of Chinese characters (Kaplan & Baldauf, 2003). Yet, the Japanese government has shown very little interest in distinguishing between nationality, nation, and citizenship. As a result, only Japanese nationals have the right to receive an education at public schools. For Japanese nationals, school attendance is mandatory until the third year of junior high school. Foreign nationals are allowed but not required to send their children to Japanese public schools, based on the notion of on-ekiteki (government favor) (Enoi, 2000; Okano & Tsuchiya, 1999; Son, 2000). However, the medium of instruction, regardless of the student's nationality, is always Japanese. If foreign children decide to leave school, neither MEXT nor the municipal board of education tries to retain them at school.

Further evidence of this rigid language policy is evident in remarks by some non-Japanese foreign language teachers that Japanese do not expect English-speaking Westerners to speak Japanese. In fact, many Japanese prefer that they do not speak Japanese. One British ELT teacher whom I met at an international conference confessed that her reason for leaving a Japanese high school was that she was prohibited from learning Japanese by that school's principal. It is often mentioned that in the case of returnees from English-speaking countries, teachers consider returnees' attitudes as challenging, and in some cases, returnees refrain from speaking native-like English so as not to appear impertinent to their teachers and classmates.

What confuses many Nikkei children is that the present educational trends in Japan include both the traditional "group-oriented cooperation" school culture on one hand, and a demand for teachers to respect children's independence and freedom on the other (H. Shimizu, & M. Shimizu, 2001). Some minority children manage to cope with these two trends by using "Japan-ized" selves that they develop through assimilation with the mainstream culture (Shimizu, et al., 2001). When we examine the historical view of minorities in the next section, we can see ambivalence in the following tensions: homogeneity vs. multi-ethnicity, mono-culturalism vs. multi-culturalism, and mono-lingualism vs. multi-lingualism.

5. 再び日本からブラジルへ（2008 年〜現在）

「日本に出稼ぎに来て，すでにブラジルに戻った人は 15 万人いる．ブラジルに日本人が移民した当初，閉鎖的社会を作ってブラジル政府に嫌われたように，日本でもブラジル人集団を作っている．子どもたちはいじめ問題などがあっても，日本の学校に行って，日本語を習得して帰ってきた．だれも期待していなかったが，出稼ぎ現象の副産物としてこの帰ってきた日系ブラジル人はブラジル日系社会にとって日本語，日本文化を継承するための大きな絆になっている」（二宮, 2008: 98-99）そのほか，日系の三世同士がブラジルで結婚することはまれだが，出稼ぎ先の日本でその三世同士が結婚する例も多々ある（渕上, 1995）.

せっかくお金を儲けて帰ってきても投資の失敗や，すぐ使い果たしてしまい，また日本にもどってくる場合や，帰国後定職につけなくて，デカセギが生

業となり，複数回日本とブラジルを行ったりする人もいる（三田，2002）．

しかも，ブラジルの日系社会では，日系人の組織には出稼ぎによるマイナス面が強く現れてきた．たとえば，つり大会，将棋大会，民族舞踏，運動会などの行事に代表される，日系社会としての存続力が急激に失われている．デカセギと混血化が日系人社会の活力を奪い，日本人学校とともに存続の危機に陥っていると言える．

日本人が「移民」になっても，これは日本人意識を失うことではなく，むしろ日本人の意識は強化される（前山，1996: 206）．たとえば，ブラジルの地では「ブラジル人」とはならずに，「しだいにますます日本人になっていく」ので，ブラジルにいるのに，ブラジル人を「ガイジン」と呼んだりする（前山，1996: 207）．

逆に，日本に来た日系ブラジル人は，日本で「ブラジル人」であることを意識させられる．バストスの日系人にとって「ジャポネス」の対極にあるのが「ブラジレイロ」であり，「無学なバストス」のブラジル人にならないために勉強し，「立派な日本人」であることを誇りにしてきたのに，その「ジャポネス」が，日本では「ブラジル人」あるいは「ガイジン」と呼ばれるのである（三田，2002: 239）．

日本の地域の行政は彼らの生活面や教育面の支援に幅広く対応している．しかし，アメリカやブラジルの日本移民が体験したように，残念ながら日系ブラジル人が日本でまったく偏見から解放されているとは言い難い．時空を越えて，日系に対する個人や国レベルの接し方に共通項が見受けられるか以下に書き出して見よう．

6. 日系移民の共通項

本章の始めからこの節まで，日系移民が，①日本からアメリカへ，②日本からブラジルへ，また，③ブラジルから日本へと移動し，それぞれ受け入れ先でどのような扱いを受けてきたか，どのように見られていたかを検証してきた．ここでは特徴的に言われてきたことを羅列し，共通項をさがしてみる．まず，

以下に述べる [1]〜[3] の項目について特徴を考えたい.

　プッシュとプル要因の両方を考える必要があるが，移民法という法律の規制が移民の流動を大きき左右する．外見や民族的血筋にもかかわらず，あるいはそのせいで，「外国人」と見なされ，市民として受け入れられるには法の整備と時間と理解が必要である．

| 確認テスト8 | 日系移民の共通項 |

[1]　日本からアメリカへ
① _____
② _____
③ _____
④ _____
⑤ _____
⑥ _____
⑦ _____
⑧ _____

[2]　日本からブラジルの場合
　それでは，日本移民はブラジルでどのように評価されたのだろうか．
① _____
② _____
③ _____
④ _____
⑤ _____
⑥ _____
⑦ _____
⑧ _____

[3]　ブラジルから日本（日本在住の日系ブラジル人）の場合
　1990年代からの日系ブラジル人と配偶者とその家族の場合はどうであろうか．
① _____
② _____
③ _____
④ _____
⑤ _____
⑥ _____
⑦ _____
⑧ _____

　以上，[1]から[3]まで，時空と場所を越えた日系移民であるが，共通で言えることは，
_____
_____
_____

おわりに

　20世紀初頭の明治末から昭和の初めまで，多くの日本人が海を渡った．アジアへ渡った者もいれば，太平洋を渡ってアメリカや南米に行った者もいる．しかし，たとえば中国の上海の租界に仕事を求めていったものは移民とは言わないし，インドネシアに渡ったものも移民とは言わないし，日系インドネシア人とも言わない．ハワイやアメリカ本土や南米に渡ったものは移民と言い，日系と呼ばれる．本章を書くにあたってその差はなんであろうか，と考えざるを得なかった．それは多分に，戦時下の領土の問題もあるが，日本の近代化に大きな影響を与えた明治政府の「脱亜入欧」の姿勢であろう．たとえば，当時の写真を見ると，南方と呼ばれていたアジアへ渡った女性の多くが着物姿であるのに対し，北米へ渡った男女はきちんとした洋装なのは，日本人のアイデンティティの現れだろう（松本，2004）．酷暑のアジアで着物を着てレンズの前に立つことは，言い換えれば，アジア人の前では日本人でありたいが，アメリカ人の前ではアメリカ人になるのだという意識がある（松本，2004: 16）．言い換えれば，これは白人に対する劣等感の現れとも言える．政府の政策でアジア以外に移住したものを移民とよび，白人社会に住んだものを白人と対比するために，あるいは対比されて，日系と呼ばれたのだと思う．

　アメリカでは一方，今日でもアメリカ人として高等教育を受けた二世や三世の多くが，他のアメリカ人から，「英語がずいぶんとお上手ですね，いつからアメリカに住んでいるんですか」と，アジア系の顔で外国人と判断された経験を持つ（安井，2007: 58）．アメリカの主要都市で初めてのアジア系市長となったノーマン・ミネタは，アメリカ白人社会への同化に努力し，日系人であるがゆえに，逆に，両親の国・日本に厳しく対応した．しかし，一方で，自分が日本民族の血をひくという事実から逃れることもできなかった．彼の苦難と栄光，そしてジレンマは，アメリカの日系社会が抱える問題をそのまま象徴しているように思われる（安井，2007: 141）．これは，日本人が欧米人に持つ劣等感と，日本人の同胞に対する優越感の現れでもあり，そのような感覚は，英

語圏で育った日本人に強いと言ってもよいだろう．

　労働者の国際移住は，社会・文化的問題の国際化過程であるグローバリゼーションの人間的側面を含んだものである（『朝日新聞』a，2008）．しかし，日本は移民の受け入れをいまだ是認していない．日系の定住化や人口減が現実となっている昨今，自治体の共生のさまざまな試みや対策，自由民主党内に移民案が出ているが（『朝日新聞』b，2008），日本人住民側にも彼らを受け入れる柔軟性を涵養することが大事であると思われる．

　「日本は多くの移民を各国に送りだしてきた．移民はいやおうなしに，多民族，異文化の中で暮らさなければならなかった．彼らは多民族国家の中で少しずつ，受け入れられ，調和していった．日本は常にそんな日系社会の「同化」を絶賛してやまなかった．その日本がどうして，日本で働き，共に生きようとする人々を拒否することができてくるのか」（高橋，1997: 257）

　本章では，限られた紙面の中で，日本人の北米と南米への移住と，ブラジルから日本へ，日本から再びブラジルへというプッシュ因子とプル因子を歴史的，法的，経済的，アイデンティティの側面から見てきたが，「移民」や「移住」や「日系」などを考える時には，その構造を複合的に見ることが大事であると思う．また，グローバル化に伴い，それらの「移民・移住・日系」の考え方を再考し，個々の自治体，行政，国，がそれぞれマイノリティ問題に対処するのではなく，世界規模の対処の仕方が必要ではないかと思われる．

　ここ何週間，派遣切りや解雇の嵐が日本在住の日系人社会を直撃している（『朝日新聞』b，2008）．今や子どもを含めて30万人もいると言われる日系人とその家族たちが，不況になると一番先に契約を打ち切られて行くあてもなくなってしまう．これではまるで1910年代のアメリカでの日系人と同じ扱いではないか．「故郷に錦を飾る」どころか，帰国費用のために事件をおこす人まで出てきてしまった（鈴木，2005）．最後に一文無しになってアメリカから帰ってきた筆者の祖父が，1923年に出版した本を再び引用するが，現代の社会問題と大変似ているという思いを禁じ得ない．

近時母国の社会にては労働問題がやかましくなり，時には不穏な運動を見ることもあるが，覚醒も程度を過ぎては却って害をなすのである．資本家が経済上の打撃を受け資金の運転に窮し，やむを得ず事業を縮小又は中止し，人員を解雇せんとするに当たり，金を出せ仕事を与えよと迫るも是非なかるべく，世界は広くして人間至るところ青山あり，瀕死の状態に在る会社は工場へ押しかけ，無理な要求をせんよりは，むしろ思い切って海外へ出て，活動のある所に於いて努力奮闘し，運命を開拓せんとするが最も賢明な道にして，又日本国家のためであると信じて疑わないのである（鈴木，1924：331）．

補説　2008年リーマンショック以降

　2008年に米国の金融危機に端を発した世界的経済不況が原因で，日本に定住を始めていた日系ブラジル人の生活は，派遣切りという形で失業を余儀なくされてきた．在日ブラジル人の数が一番多い浜松市でも，ブラジル人国籍の外国人登録者数が2008年の1万9,461人をピークに，2011年10月には1万2,641人に減った（HICE，2011）．「20年前はブラジルと日本の経済格差が大きく，出稼ぎのメリットがあった．日本に仕事がなくなれば，数が減っていくのは仕方がない」（白山，2011）．リーマンショック以来，全国86校の外国人学校（回答は58校）では，2008年12月初めから2カ月間でブラジル，ペルー人のこども約2,500人が減少し，このうち約35％が「自宅待機」や「不就学」と回答しているため，支援教育が急務となった（『静岡新聞』2009）．

　日系ブラジル人の失業率は2008年12月から2009年6月まで26〜47％に達しており，失業後すぐに帰国した人を含めれば，半数強が解雇されたと考えられる（樋口，2011）．浜松市のブラジル人労働者のうち，約6割が仕事だけでなく，派遣会社から寮を追い出されたりして，住居にさえ困っていた（安田，2010）．

　大量解雇を受けた日系ブラジル人の雇用対策の一環として，厚生労働省は2009年3月31日から「日系外国人離職者に対する支援事業」を開始し，帰国費用と当面の生活費を出稼ぎ者本人に30万円，扶養家族1人につき20万円を支給している（飯田，2009）．しかし，定住資格による再入国を認めないた

め，「排外的な『手切れ金制度』だ」という批判が国内外から起きてきた（『朝日新聞』2009）．

　子どもたちの教育も懸念されるところである．過去20年間に南米人の若者が経験してきたことは，30〜35%というきわめて低い高校進学率と，その結果として生じる学校教育からの排除であった（樋口，2011）．経済的に余裕がないブラジル人家庭のこどもが公立学校に適応できない場合，そのまま不就学になってしまう場合が多い．

　ブラジルに帰国したこどもたち，特に日本の公立小学校で長い期間学んだ子どもたちは，ブラジル文化への違和感とともにポルトガル語の未習得という大きな問題が生じる（小山，品川 2009：138）．日本の中学校の卒業証書があっても，自動的に高校に入ることはできない．また，日本語しか分からずポルトガル語ができない子どもたちの場合はさらに深刻で，学校生活を営むこと自体が大変である（小山，品川 2009）．ブラジル教育省認可のブラジル人学校は，勉強の内容も制度面も，ブラジル本国の学校との接続が保障されているので，学校にも通いやすいし，ブラジル社会に適応しやすい．逆に日本で不就学だったこどもは，ブラジルの学校では学力テストの結果で学年を決めるので，逆に復学しやすい（小山，品川 2009：141）．いずれにしろ，就学年齢にありながら継続した教育を受けられず，結果的に日本でもブラジルでも将来に希望を繋げることが難しい状況にいたっている若者も少なくない現状は憂慮すべきことである（加藤，2011）．

確認テスト9　日系人と太平洋間移動

(1) 以下の (a) と (b) を「移民」と「日系」の定義を使って説明しなさい．
　(a) 現在の日本政府には，ニューカマーに対して「移民」という概念があるか．
　　　（1. ある　2. ない）
　　　その根拠 _____
　(b) 母親が日本人で父親がシンガポール人の場合，定義上その子どもは日系人か
　　　（1. そうだ　2. 違う）
　　　その根拠 _____

(2) 明治初期のカリフォルニア州への日本人移民について．
　1850年代に，当時日本が _____，地租改正が原因で農村（特に_____地域）が困窮し，明治政府がハワイへの「_____」を奨励したので，その数が7万4,000人にもなった．当初，_____や_____などの重労働をしていた「_____」の代わりに移民したものの，その数が増えると，アメリカ人から_____と思われ始め，_____や_____の対象となった．その結果，1924年の移民法は「_____」と呼ばれた．
　一方，日系アメリカ人は第2次世界大戦中_____という扱いをうけた．アメリカに忠誠心を誓った者は，_____，そうでない若者は_____．

(3) 1910年代の日本からブラジルの移民について
日本側のプッシュ要因 _____
ブラジル側：1919年にブラジル政府は「_____」をめざし，アジア人と黒人（奴隷）の入国を禁止したが，日本政府の「日本人はアジアの_____」との宣伝をした結果，「_____」の代わりに許可した．
ブラジルでの生活はどのようなものだったのか． _____

(4) 1990年代にブラジルから日本に来た日系ブラジル人について．
ブラジル側のプッシュ要因 _____
日本側のプル要因 _____
日本での生活はどのようなものか（だったか）． _____

(5) 主に浜松の日系ブラジル人の親がブラジル人学校を選択した背景とその理由はなにか． _____

第10章

日本での英語の位置づけを考える

　「移民国家」と称されるアメリカは，移民やマイノリティに対して，同化主義から多民族・多文化主義までその政策に揺れが見られるが，言語に関してはほぼ同化主義だと言ってよいだろう．日本の中学校，高等学校では外国語学習で英語を勉強しているが，なぜ英語なのかという疑問も持たずに勉強している学生が大半である．最近では，小学校に英語を導入し始めた．英語を小さいころから学べばコミュニケーション能力があがると言われているがそれは本当であろうか．いずれにしろ，日本人にとって英語はどういう位置づけにあるのか，あるべきか，どこの国の英語をモデルとするべきなのか．英語圏の英語なのか，アジア英語でもよいのかなど，日頃あまり考える機会ないテーマについて，ここで一度考えてみるのも良い機会かもしれない．

1. 日本の言語学習をクリティカルに考察する—English あるいは Englishes か？—

　With the globalization of economy and technology, English is now spoken by 2 billion people. Of the 2 billion, 350 million speak it in Asia as their first or official languages. However, Japanese have tried hard to acquire 'correct English' from the core English speaking countries such as the U.S., U.K., Australia and Canada. Besides, according to Suzuki (1999), Japanese people have shown adoration and idealistic view toward English or people in these countries.

In analyzing how English became so dominant and why and what consequence it has brought especially in the post-colonial countries, Phillipson (2000) came up with the theory of English linguistic imperialism. He defines it as "the dominance of English asserted and maintained by the establishment and continuous reconstitution of structural and cultural inequalities between English and other language" (p.47).

(同タイトルの論文より, Sugino, 2003)

(1) フィリプソンの言語帝国主義

Phillipson (2000) の *Linguistic Imperialism* から要点を挙げる.

English in periphery-English countries (非英語圏以外の国の英語)

English is no longer only of concern to those who live in relatively small islands in north-west Europe or who have emigrated to North America or the antipodes (正反対の). English is now entrenched (張りめぐらす) worldwide, as a result of British colonialism, international interdependence, 'revolutions' in technology, transport, communications and commerce, and because English is the language of the USA, a major economic, political, and military force in the contemporary world. (It is not only Britain which has gravitated towards linguistic homogeneity, but a significant portion of the entire world (pp.23-24).

Whereas it is estimated that 400 years ago there were between five and seven million speakers of English, the number of *native* speakers of English (those in core English-speaking countries, plus a sprinkling elsewhere) now remains constant about 315 million. The number of users of English as a second or foreign language (in periphery-English countries) is increasing dramatically: these are estimated at 300 and

100 million people, respectively（p.24）

A working definition of *English linguistic imperialism* is that *the dominance of English is asserted and maintained by the establishment and continuous reconstitution of structural and cultural inequalities between English and other languages.*（p.47）

The term anglocentricity has been coined by analogy with ethnocetricity, which refers to the practice of judging other cultures by the standards of one's own（p.47）.

Professionalism refers to seeing methods, techniques, and procedures followed in ELT, including the theories of language learning and teaching adhered to, as sufficient for understanding and analyzing language learning（p.48）.

Anglocentricity and professionalism legitimate English as the dominant language by rationalizing act ivies and beliefs which contribute to the structural and cultural inequalities between English and other languages（p.48）.

A key issue in ELT at present, which is a test case for anglocentricity and professionalism, is what norms learners of English in underdeveloped countries should aim at（p.49）.

確認テスト10 言語帝国主義とは？

(1) Periphery-English Countries とはどこの国をさすか．

(2) Linguistic Imperialism（言語帝国主義）の一番通用する定義（working definition）はなにか．

(3) Linguistic Imperialism の一例として Linguicism（言語差別）をあげているが，この言葉の定義はなにか．

(4) Linguiicism はどんな時におこるといっているか．

(5) Anglocentricity とはどういうことか.
＿＿＿＿＿＿＿＿＿＿＿＿＿＿＿＿＿＿＿＿＿＿＿＿＿＿＿＿＿＿
(6) Professionalism（専門性）とはどういうことか.
＿＿＿＿＿＿＿＿＿＿＿＿＿＿＿＿＿＿＿＿＿＿＿＿＿＿＿＿＿＿
(7) Anglocentricity と Professionalism が一緒になるとどういう現象がおきるか.
＿＿＿＿＿＿＿＿＿＿＿＿＿＿＿＿＿＿＿＿＿＿＿＿＿＿＿＿＿＿
(8) ELT（English Language Teaching）の一番の課題はなにか.
＿＿＿＿＿＿＿＿＿＿＿＿＿＿＿＿＿＿＿＿＿＿＿＿＿＿＿＿＿＿

(2) 英語母語話者と非母語話者

（Critical View の続き Sugino, 2000）

According to Tollefson (1991), "whenever people must learn a new language to have access to education or to understand classroom instruction, language is a factor in creating and sustaining social and economic divisions" (p.9). Tollefson claims that English is a means to access better education and a way to achieve goals for linguistic minorities, yet it is also a major factor to produce more inequality. This is especially true in post-colonial countries since the wealth that English provides is controlled by a small number of the elite and is very inequitably distributed. As for the ideologies of language, a key concept in critical social theory is "hegemony where the supremacy of English is taken it for granted and the supreme global status is accepted without question.

「アメリカ人の先生」とか「イギリス人の先生」という代わりに，最近では「ネイティブの先生」という言い方が盛んで，学生もそのように使い始めている．一般的に受け入れられている定義は，「英語を母語とする人」であろう．実際 BBC English Dictionary（Harper Collins 出版）の英語辞典でも，NS（Native Speaker）の定義は「外国語として後に学んだ言語ではなく，第一言語として学んだ言語を話す者」とされている．Skutnabb-Kangas (2000) は，一般に NS の定義を単に「母語話者」か「第一言語を話す者」というように分

けているが，実際は多言語話者に「母語」という概念をあてはめるのは容易ではないと述べている．第二言語習得者の中には，第一言語話者よりも言語的に優れているものも少なくないし，NNSが目標にしている「標準英語」というのは，高等教育を受けたNSが使用している英語を指している（Lowenberg, 2000）．

Since "English is used daily by non-native speakers in the absence of native speakers, in non-Western sociocultural contexts, and in multilingual communities", we need a new paradigm that reflects the sociopolitical reality of non-native varieties（Lowenberg, 2000, p.69）．本名（1999）は，今は「英語はもはや植民地の言葉ではない．英語は我々アジア人がお互いの意思の疎通をはかる手段になっている」ので，WASP（White, Anglo, Saxon, Protestant）の英語だけをコミュニケーションの規範として採り入れていくと，インド，シンガポール，フィリピンなどのアジア各地で公用語として話されている英語を「正しくない」とか「規範に合っていないもの」と見がちになるが，それは偏った考え方である，と述べている．

今後の日本の英語教育は，英語能力の向上だけでなく，以下の3点の教育も必要になってくると思う．

① 母語の重要性を認識する教育
② コミュニケーションモデルも含めて日本の英語教育の位置づけを考える教育
③ 言語に優劣をつけない教育

2. 異文化理解とリーダーシップ教育の根底をなすもの

第1～9章で人種，エスニシティ，言語について述べてきた．今まで学習した概念は，異文化交流の時にどのように役に立つのだろうか．英語でコミュニケーションをとる時は，もちろんある程度の英語力が必要である．しかし，それ以上に大事なことは，言語や文化や習慣の違いを認識することである．いくら英語が流暢に話せても，テーブルマナーが悪ければ誤解を招く元になる

が，それらは克服できる相違であり，異文化コミュニケーションの楽しみを増加するものである．

しかし，個人が育った文化や習慣だけに判断基準を置くethnocentrism（民族中心主義）の考え方が強いと，prejudice（偏見）やdiscrimination（差別）を生み，racism（人種差別）のような考え方が生まれる可能性がある．このようなethnocentrism, racism, sexism, ageism, linguicism をいかになくすかが異文化教育やリーダーシップ教育の原点になるものだと思う．つまり，人権の尊重や，異なる言語や文化に対して寛容な気持ちを持つことが重要だと思う．ノーベル平和賞を受賞したカーター元アメリカ大統領が米国南部で育った子どもの頃は，まだ黒人への差別が公然と行われていた．その中で，カーター氏の母親がほかの白人と違って，分け隔てなく黒人と接していた．カーター氏の平和賞の受賞理由は「優れた人権感覚」だったのだ．そのような「優れた人権感覚」が異文化コミュニケーションの原点であり，以上のような教育を通して，そのような人材が育ってくればと思う．

（付録 1）

（チャレンジしてみよう）　　　言語政策について教えること：文化研究を含めた大学英語教育の要点

Teaching about Language Policies Incorporating Cultural Studies in College EFL Courses

In the world of globalization, English has played an important role in global communication, international trade, and intercontinental industry to mention a few. At the same time, English has served as a gatekeeper for many ethnic minorities in the core English-speaking countries such as the U.S. For example, since the 1980s when racial disputes quieted down, anxieties and fears such as 'language is the key to divide the country,' have arisen among Anglo-Americans in the U.S. Being an immigrant country, the U.S. has embraced multiculturalism and multiethnicity, but has essentially been reluctant to embrace multilingualism.

In this book, I will demonstrate how I have incorporated cultural studies into a regular college English course. The course objective is to examine American culture and people, and their English-only mentality from the perspectives of language, education, history, and language policy. Since concepts such as language policies, monolinguals, mother-tongue loss and maintenance are difficult for students in the EFL context to understand, I will show step-by-step how I actually taught the class with the materials I prepared, and with the final products of students' papers.

Eventually, the students begin to be aware of language minorities and language policies in their homeland, and their own mother-tongue maintenance in the world where often English is preferred. It is hoped that this kind of instruction will be beneficial for students in other EFL contexts.

Terms related to SLA (Second Language Acquisition) Theories.

1. Critical Approach

One of the aims of critical pedagogy is to consider how, in diverse sites of language education, practices might be modified, changed, developed, or abandoned in efforts to support learners, learning, and social change. At the same time, we should keep in mind that critical pedagogy cannot be a unitary set of texts, beliefs, convictions, or assumptions (Norton & Toohey, 2004, p.2). In this case, I interpret critical pedagogy in its weakened form, to nurture students' critical thinking, which is associated with reasoning or capacity for rational thought (Wallace, 2003).

Norton, B., & Toohey, K. (2004). *Critical pedagogies and language learning*. Cambridge: Cambridge University Press.

Pennycook, A. (2001). *Critical applied linguistics: A critical introduction*. Mahwah, NJ: Lawrence Erlbaum Associates, Inc.

Wallace, K. (2003). *Critical reading in language education*. New York: Palgrave Macmillan.

2. Content-Based Instruction (CBI)

In recent years content-based instruction has become increasingly popular as a means of developing linguistic ability. It has strong connections to project work, task-based learning and a holistic approach to language instruction and has become particularly popular within the state school secondary (11-16 years old) education sector.

The focus of a CBI lesson is on the topic or subject matter. During the lesson students are focused on learning about something. They learn about this subject using the language they are trying to learn, rather than their native language, as a tool for developing knowledge and so they develop their linguistic ability in the target language. This is thought to be a more natural way of developing language ability and one that corresponds more to the way we originally learn our first language (by BBC).

3. Autonomous Learning

Though the term autonomous learning is not easy to describe, Holec (1981) defined it as "the ability to take charge of one's learning" (p.3) (Little, 1991). Gardner (2000) stated autonomous language learning is the learning that is undertaken by autonomous learners where the learners are taking responsibility for their own learning (p.50). Moreover, Benson (2001) points out that autonomy is the individual capacity that belongs to the learner rather than the learning situation. Benson further stated that we should recognize autonomy as the capacity to control and exercise the learning management, cognitive process and learning content. Voller (1997) considered the teacher's roles in fostering learner autonomy as a facilitator. Some of the technical support from the teacher was to help students to plan their autonomous learning, to help them to assess their proficiency, and to help them to acquire the skills and knowledge to carry out autonomous learning.

Benson, P. (2001). *Teaching and researching autonomy in language Learning*. Essex, UK: Pearson Education.

Holec, H. (1981). *Autonomy in foreign language learning*. Oxford: Oxford

Voller, P. (1997). Does the teacher have a role in autonomous language learning? In P. Benson & P. Voller (Eds.), *Autonomy and independence in language learning* (pp.98-113). Essex, UK: Pearson Education.

4. English for Academic Purposes

English for Specific Purposes (ESP) can be divided into two categories: English for Academic Purposes (EAP) and English for Occupations (EOP).

Sugino, T. (2006). *Daigaku eigo kyoiku no mokuhyou to yakuwari Academic eigo no kochiku ni kansuru ichiko satsu* [Goals and roles of college education. A thought concerning about Academic English]. *Journal of National Defense Academy*, Humanities and Social Sciences No. 92, pp.1-30, March 2006.

(付録2)

(チャレンジしてみよう)　　教師が社会政治的意識を広める意義とは？

Wren (1997) は, 英語を母語としない生徒を教える先生の役割として, 言語政策の意識を高めるためるだけでなく, 以下のように行動するのが望ましいと述べています (p.3-4).

1. Thinking globally, acting locally

Teachers need to develop sociopolitical awareness at both the big and the small picture level. "Thinking globally, acting locally", to borrow a phrase from the environment movement, requires knowledge and skills with which to influence the local institution, at both the class and whole school level, to give students better chances for success in mainstream education.

2. Helping the TESOL (teacher of English to speakers of other languages) teachers' association work for students

Teachers need to be active in their professional associations in attempting to develop networks that can lead to influencing mainstream education towards more inclusive language policies and practices.

3. Learning from the language policies and practices of other countries

Teachers need to be aware that international comparisons may offer solutions to implementing more pro-active and ethnically inclusive language policies in their own situation. When making comparisons, teachers need to be sensitive to local contexts and constraints.

(付録3)

プエルトリコ移民・移住の文献を読むのに役立つ単語

immigrant（名）	外国からの移住民，移民
immigrate（動）	移住してくる，他国から来住する
migrant（名）	移住者，（米）移動農場労働者
migrate（動）	ある国・地域から他へ移住する．
subject（名）	臣民・臣下，（集合的に）国民，主題，学科，科目
possession（名）	所有，所持，領地，財産
mainland（名）	【通例 the】本土 例：ハワイに対して the mainland
act（名）	行為，行動，法令，条例，劇の幕（Act III 第3幕）
well-to-do（形）	裕福な （＝well-off）
luxury（名）	豪華さ，贅沢さ，（形）luxurious
promote the independence	独立を推し進める，独立運動をする
exile（名）	（母国・故郷からの）追放，追放された人
imprison（動）	投獄する
revolt（名）	反乱，反逆
banish（動）	追放する，流刑にする（vanish は突然消える）
treasury（名）	（発音注意）宝庫，基金 the Department of the Treasury（米）財務省
treasure（名）	財宝，宝物，（動）思い出等を大事に心にしまう
treasurer（名）	会計（出納）係，
issue（動）	発する，出版する，発行する，公布する
intention（名）	意図，意志，趣旨
send for	…を取りにやる，呼びにやる，注文する

Ellis Island	エリス島, ニューヨーク湾中の小島, 元移民検査所があった.
alien（名）	外国人, 地球上のものではない
deny（動）	（発音注意）拒否する, 否定する
be accused of …ing	…であると非難される
deem（動）	【人】が誰々（なになに）を…だと考える, 思う
groundbreaking（形）	独創的な, 革新的な（名）起工（式）
Supreme Court	最高裁
rule（動）	支配する, 採決する, 判決を下す
US Congress	アメリカの国会, 上院（the Senate）下院（the House of Representatives）, 日本の国会は the Diet
crops（名）	（しばしば複数）（穀物・野菜・果樹などの）作物, 収穫物
gain economic success	経済的に成功する
invest（動）	投資する
contribution（名）	貢献

付録4

外国語学習と浜松近辺在住外国人に関するアンケート

　私は第二言語習得の研究の一環として, 浜松近辺に在住する皆様の外国語や外国人に対する意識などを調査しております. データは研究のためだけに厳密に処理いたしますので, ご理解, ご協力のほどを宜しくお願い致します.

<u>パート1</u>　ご自分のことについてお答えください. （　　）の中に数字を書いてください. 選択肢の番号が書いてある時は, あてはまる数字に〇をつけてください.
(1) 年齢： 　1. 19歳以下　　2. 20-29歳　　3. 30-39歳　　4. 40-49歳
　　　　　　5. 50-59歳　　6. 60-69歳　　7. 70歳以上
(2) 性別： 　1. 男　　2. 女
(3) 浜松（近辺など）に住んでいる年数： 　（　　　　　）年
(4) 居住場所： 　1. 浜松市中　　2. 浜松近郊　　3. 浜北地区
　　　　　　　　4. その他 ＿＿＿＿＿＿
(5) 最終学歴： 　1. 高校卒　　2. 専門学校卒　　3. 大学卒
　　　　　　　　4. その他（在学中, 旧制女学校, 大学院卒など）＿＿＿＿＿＿
(6) 職業： 　1. 学生　　2. 会社員　　3. 公務員　　4. 主婦
　　　　　　5. その他 ＿＿＿＿＿＿

(7) 現在，仕事で外国人と関わる仕事をしていますか．
　　1. はい　　2. いいえ
(8) 上記で　1. はい　と答えた方だけお答えください．（複数回答可）
　　どこの出身国の人と関わっていますか．
　　1. 英語圏　2. ヨーロッパ　3. 日系ブラジル人・ペルー人
　　4. 中国人　5. その他　＿＿＿＿＿＿＿＿＿
(9) 現在，NPOやボランティア活動で外国人と関わる仕事をしていますか．
　　1. はい　　2. いいえ
(10) 上記で　1. はい　と答えた方だけお答えください．（複数回答可）
　　どこの出身国の人と関わっていますか．
　　1. 英語圏　2. ヨーロッパ　3. 日系ブラジル人・ペルー人
　　4. 中国人　5. その他　＿＿＿＿＿＿＿＿＿
(11) 現在，自治会・教会・こども会活動などで外国人と関わる活動をしていますか．
　　1. はい　　2. いいえ
(12) 上記で　1. はい　と答えた方だけお答えください．（複数回答可）
　　どこの出身国の人と関わっていますか．
　　1. 英語圏　2. ヨーロッパ　3. 日系ブラジル人・ペルー人
　　4. 中国人　5. その他　＿＿＿＿＿＿＿＿＿

パート2　ご自分の外国語の学習歴などについてお答えください．複数回答以外は，番号に1つに○をつけてください．1年未満の場合は，何カ月とお答えください．

(1) 学校以外で，英語を勉強したことがありますか．
　　1. はい　　2. いいえ　（→(3)にとぶ）
(2) 上記で　1. はい　と答えた方だけお答えください．（複数回答可）
　　どこで，何年くらい勉強しましたか．
　　1. 英語学校（　　　）年　2. テレビ・ラジオ（　　　）年
　　3. 個人レッスン（　　　）年　4. 留学（　　　）年
　　5. 長期滞在（　　　）年　6. その他　＿＿＿＿＿＿（　　　）年
(3) 学校以外で，英語以外の外国語を勉強したことがありますか．
　　1. はい　　2. いいえ　（→(5)にとぶ）
(4) 上記で　1. はい　と答えた方だけお答えください．（複数回答可）
　　何語を何年くらい勉強したことがありますか．
　　1. フランス語（　　　）年　2. ドイツ語（　　　）年　3. 中国語（　　　）
　　4. スペイン語（　　　）年　5. 韓国語（　　　）年
　　6. その他，＿＿＿＿＿＿語（　　　）年，＿＿＿＿＿＿語（　　　）年

(5) これから習ってみたいと思う外国語はなんですか．1つだけ選んでください．
　　1．英語　　2．フランス語　　3．ドイツ語　　　4．ポルトガル語
　　5．中国語　6．韓国語　　7．その他　_____　語　8．考えていない
(6) ご自分に留学するチャンスがあれば，最も行ってみたい国はどこですか．
　　_____
(7) 海外転勤に仮になった場合，自分の子どもを最も入れたい学校を1つ選んでください．
　　欧米圏（オーストラリア・ニュージーランドを含む）の場合
　　1．現地校　　2．インターナショナルスクール　　3．日本人学校
　　アジア圏（東南アジア，東アジア，アラビア語圏）の場合
　　1．現地校　　2．インターナショナルスクール　　3．日本人学校
　　アフリカ諸国と中南米の場合
　　1．現地校　　2．インターナショナルスクール　　3．日本人学校
(8) 「国際化」という言葉から連想する単語を，5つ書いてください（5つ以下でも良いです）．_____，_____，_____，_____，_____
(9) 「日系」という言葉から連想する単語を，5つ書いてください（5つ以下でも良いです）．_____，_____，_____，_____，_____
(10) 「ネイティブ・スピーカー」という言葉から連想する単語を，5つ書いてください．
　　_____，_____，_____，_____，_____

パート3　ご自分の身近にいる外国人との交流などについてお答えください．複数回答以外は番号に1つ○をつけてください．
(1) 浜松（近辺）在住の外国人で個人的に特に親しくしている人はいますか．
　　1．はい　　2．いいえ　（→(3) にとぶ）
(2) 上記で　1．はい　と答えた方だけお答えください．（複数回答可）
　　どこの国の人でどの程度親しくしていますか．
　　_____出身者
　　1．見かけたら必ず話しをする　2．外で一緒に食事をする　3．家に招く
　　4．旅行などに一緒にいく
　　どこの国の人でどの程度親しくしていますか．
　　_____出身者
　　1．見かけたら必ず話しをする　2．外で一緒に食事をする　3．家に招く
　　4．旅行などに一緒にいく
(3) 浜松（近辺）にブラジル人学校があることを知っていますか．
　　1．はい　　2．いいえ

(4-1) ブラジル人学校の良い点はどんなところだと思いますか．実際に行ったことがない場合は，想像でお答えください．あてはまるものにいくつでも○をつけてください．
 1. 校則やきまりがきちんとしている
 2. 設備が整っていて，清潔である
 3. しつけが行き届いている（厳しい）
 4. チームワークを学べる
 5. 個人主義を尊重してくれる
 6. 積極的に意見を述べるよう指導してくれる
 7. 楽しい
 8. 創造力を育ててくれる
 9. 自分のこどもの能力を認めてくれる
 10. その他（　　　　　　　　　　　　　　　　　　　）

(4-2) 日本の公立の学校の良い点はどんなところだと思いますか．あてはまる番号にいくつでも○をつけてください．
 1. 校則やきまりがきちんとしている
 2. 設備が整っていて，清潔である
 3. しつけが行き届いている（厳しい）
 4. チームワークを学べる
 5. 個人主義を尊重してくれる
 6. 積極的に意見を述べるよう指導してくれる
 7. 楽しい
 8. 創造力を育ててくれる
 9. 自分のこどもの能力を認めてくれる
 10. その他（　　　　　　　　　　　　　　　　　　　）

(5) 日系ブラジル人の子どもたちは日本の公立学校に通うべきだと思いますか．
 1. はい　　2. いいえ　　3. どちらともいえない

(6) あなたは，日系ブラジル人が日本の社会に共存していくことに対して，どのように思っていますか．
 1. 大変大切だ　2. 大切だ　3. 多少大切だ　4. 大切ではない　5. よくわからない

(7) あなたは，日本社会に共存していくことに対して，日系ブラジル人やその家族がどのように思っていると，感じていますか．
 1. 大変大切だと思っているだろう　　2. たぶん大切だと思っているだろう
 3. 大切ではないと思っているだろう　　4. どう思っているかわからない

(8) 浜松とその周辺のブラジル人が日本人に望んでいることはなんだと思いますか．
（複数回答可）
　1．ポルトガル語を習ってもらいたい
　2．ブラジルの習慣や文化を勉強してもらいたい
　3．カプエイラのことを知ってもらいたい
　4．もっとブラジル人のことを理解してもらいたい
　5．もっと仲良くしてほしい
　6．外国人として扱わないでほしい
　7．その他　（　　　　　　　　　　　　　　　　　　　　　）

(9) ブラジル人がもっと努力をした方が良いと思うことはなんですか．（複数回答可）
　1．もっと日本語を習った方がよい
　2．ブラジル人だけと付き合わないで，日本の人とも付き合った方がよい
　3．日本の社会のことをもっと理解した方がよい
　4．日本の習慣や文化を勉強した方がよい
　5．日本の社会的ルールを覚えたほうがよい
　6．自分たちのことをもっと理解してもらえるように努力した方がよい
　7．その他　（　　　　　　　　　　　　　　　　　　　　　）

その他，なにかご意見・ご感想などがありましたらご自由に書いてください．

解答例

第1章　基礎知識・概念チェック表

1. 人種のるつぼとはなんですか？

　Melting pot（アメリカ社会の人種・文化を表す時に使う比喩的表現．多様な人種・民族が一つの大きな窯の中で混ざり合ってアメリカ社会を作る．批判的な意見は，各人種・民族性の特徴が生かされていない．同化（assimilation）を前提としている）

2. 「人種のるつぼ」の代わりに最近使われるようになった表現はなんですか？

　「サラダボール」．これはグリーンサラダのトマトやキュウリのように，それぞれの人種・民族が特徴を生かしながら，1つのサラダボールの中でうまく混ざり合っているという比喩．

3. ESL と EFL にはどのような違いがありますか？

　ESL は English as a Second Language（第二言語としての英語），EFL は English as a Foreign Language（外国語としての英語）を意味する．ESL は移民や親の転勤などでその国に移住し，その国で英語がわからないと生活ができないというもので (to use a language as wider communication encountered within the local region or community i.e. at the workplace, or in the media–have immediate local use or speakers), EFL は週に何回か大学や他の期間で語学を学ぶというものである (which has no immediate local use or speakers). しかし，最近ではこの定義を広義に解釈し，第二言語というのは学習者の native language や mother tongue 以外を指す，つまり EFL も含むという定義の拡大を行っている（Rosamond, M., Myles, F.1998）

4. Mother tongue とは？

　母語のこと．New Bury House の辞書には，「幼少時に話す最初の言語」と載っている．しかし多言語話者や，移住した国の言語で思考している場合はそちらが「母語」となるので，一概に辞書の定義は当てはまるのは容易ではない（Skutnabb-Kangas, 2000）．自分が思考し発信する言語を「母語」というのが適当であろう．

5. Bilingual とは？

　二言語使用者のこと．2つの言語でコミュニケーションがとれ，読み書きも出来る．母語以外にもう1つの言語で思考ができること．両方の言語とも読み書きレベルが標準に達していない場合は，semi-lingual という．

日本ではどんなイメージを持たれていますか．

特に欧米との言語と日本語のバイリンガルの場合は，カッコ良いと頭が良さそうという肯定的なコメントを学生が寄せている．いまだに就職などに有利である

アメリカではどうですか．

第二言語の価値は低い．

6. 移民（immigrant）と難民（refugee）の違いは？

合法的にその国に入ってきたかどうか．合法的な方が移民．戦争や政治的理由で自国には戻れない人々を難民とする．必ずしも貧困とは限らない．

7. アメリカの公用語は何ですか．

2009年の時点で，アメリカの憲法では英語を公用語と認めていない．As of the year 2009, the USA does not have an official language. While the great majority of Americans today (80 percent) speak English as a native language – and, in fact, as their only language – there is no law or constitutional amendment stabling a national language (Potowski, 2010. p.1)

8. アメリカに長年住んでいれば誰でも英語が流暢（= fluent）になると思いますか．

必ずしもそうとはいえない．移民の場合，アメリカに渡った年齢，学歴，移民コミュニティーがあるかどうか，個人差が大きい．

9. アメリカ・インディアンについて知っていることやイメージを書いてください．

（イメージなので，解答例なし）

10., 11.（解答例なし）

第2章 1（1）ナバホ族のロングウォーク

（本文）The Long Walk of the Navajo, also called the Long Walk to Bosque Redondo, was an Indian removal effort of the United States government in 1863 and 1864.

（訳）ナバホ族のロングウォーク，別名ボスケ・レドンドへのロングウォークは，1863年と1864年のアメリカ合衆国政府によるインディアン排除の試みであった．

（本文）By the 1860s, as more and more Americans pushed westward, they met increasingly fierce resistance from the Mescalero Apache and Navajo people who fought to maintain control of their traditional lands and their way of life.

（訳）1860年代までに，より多くのアメリカ人が西部へ突き進んだので（参考：ゴールドラッシュラッシュは19世紀半ば），（自分たちの）伝統的な土地の支配権と生活様

式を維持するために闘ったメスカレロ・アパッチ族とナバホ族のますます激しい抵抗にあった.

(本文) Following the massacre of 30 Native Americans over a horse race dispute, which took place on September 1861, military leaders began draft-ing plans to send the local Navajo on the Long Walk. Though some officers spe-cifically discouraged the selection of Bosque Redondo as a site because of its poor water and minimal provisions of firewood（薪まき）, it was established any-way.

(訳) 1861年9月に起きた競馬に関する小競り合いの結果，30人のアメリカインティアンが虐殺されたことを受けて，軍の指導者たちはその地域のナバホの人びとを Long Walk（長時間の移動）に送りだす計画を立て始めた．将校の中には，水質の悪い水と薪の供給がきわめて少ないボスケ・レドンドを（移動の）場所として選ぶことに特に反対してやめさせようとしたが，いずれにしろ着手されてしまった．

(本文) Soon, 8,500 men, women and children were marched almost 300 miles. Traveling in harsh winter conditions for almost two months, about 200 Navajo died of cold and starvation. The forced march, led by Kit Carson became known by the Navajos as the "Long Walk."

(訳) ほどなく，8,500人の男女，こどもが300マイル（480キロ）も歩かせられた．約2カ月にわたる過酷な厳寒を移動したため，約200人のナバホ族が寒さと飢えで死んだ．このキット・カーソンによって行われた強制的な行進はナバホ族によって「Long Walk」として知られるようになった．

(チャレンジ) (extra reading)

The schools were notorious for their English-only curriculum, militaristic discipline, inadequate food, overcrowded conditions, and a manual labor system that required students to work half-days in the kitchens, boiler rooms, and fields, and fields, and allowed the government to operate the school on a budget of 11 cents per pupil per day (Meriam et al, 1928).

確認テスト1　American Indians

(1) 北アメリカ総人口が1664年の時点で75,000人（内オランダ人は6,000人）だったが，その頃のアメリカインディアンは北米・中南米を合わせて 3,000〜4,000万人ほどおり，1000 もの言語が存在していたと言われている．

(2) 1880 年に Bureau of Indian Affairs（訳インディアン局）は，「英語を普及させて，先住民を文明化するよう，こどもたちの野蛮な方言をなくし，インディアンとしてではなく，アメリカ人（あるいは文明人）として教育させるべきだ」という同化（あるいは言語）政策を提案した．この政策を加速させるため，子どもたちを家族から引き離して，体罰を含めた厳しい教育を行った．

その象徴となる施設（英語）　boarding school

そこでの教育の特徴は，

① （言語に関して）部族の言語の使用を禁止．すべて英語だけ．インディアン語を話すと罰せられる．

② （文化・習慣に関して）部族の衣食住，文化，習慣，伝統を全 捨てさせ，アングロ文化に変えていった．

③ （アイデンティティに関して）インディアンとしてではなく，無理やりアメリカ人（白人）として生きていくよう教育したので，アイデンティティが揺らいだ．インディアンとしてのアイデンティティの消滅．親から強制的に隔離したことで，言語・文化の伝承が途絶えた．

Of his years at Fort Apache, Thomas James remembered: You couldn't expect a great meal before you…. All we had to eat at noon were beans and a piece of bread. It was like being in jail. There wasn't even coffee, only water. That is all we ate. The boys I came with began to feel homesick. We were starving.（A place to be Navajo, McCarty, 2002）．

（訳）フォート・アパッチの日々をトーマス・ジェームスは（以下のように）覚えている．

おいしい食べ物なんて期待できるわけがなかった... お昼に食べられたのは豆とパン1切れ．まるで刑務所にいるみたいだった．コーヒーさえなく，水だけだった．それしか食べさせてもらえなかった．自分と一緒に来た男の子たちはホームシックにかかり始めた．みんな飢えていた．

Soldier Blue の一部を見た感想

（自分の感想を書くので，解答例なし）

現代のネイティブアメリカンはどんな生活をしていると想像するか．

（自分の感想を書くので，解答例なし）

What one person can do（1人でできること）

1	If you are a speaker of the native language, encourage others to take the initiative to help non-speakers learn. They must also not make fun of people struggling to learn. もしあなたが母語話者なら，母語話者でない人が学習できる手助けを率先してとるように他の人を促しなさい．彼らはまた努力して学んでいる人びとをからかってはいけない．
2	Use existing language learning materials to teach and learn the native language. 母語を教えたり学んだりするために，今ある学習教材を使いなさい．
3	Utilize taped stories to teach and learn the native language. 母語を教えたり学んだりするために，録音された物語を利用しなさい．
4	Create your own teaching and learning tapes, dialogues, and materials with the help of native speakers. あなた自身の教育用・学習用のテープや，対話や教材を，母語話者の助けを借りて作りなさい．

What pairs of persons can do（ペアーでできること）

1	Utilize immersion language teaching and learning techniques, i.e. the native speaker provides understandable input, the learner uses whatever native language he or she can as well as English if necessary. 母語漬けの言語教育法を利用しなさい．つまり，母語話者は理解できるように話し，学習者は程度がどうであれ母語を使ってみる．もし必要ならば英語を使っても．
2	Develop a 'contract' between speaker and non-speaker that stipulates where and when to use the native language. どこでいつ母語を使うかを明確にするように，母語話者と非話者間で'取り決め'を作りなさい．
3	Utilize one-on-one researching and interviewing techniques to generate teaching and learning materials. 学習教材を生み出すために1対1の研究や聞き取り調査法を利用すること．
4	Use exchanges of letters, tape, and other learning materials to learn and teach the native language. 母語を習ったり教えたりするために手紙，テープや他の学習教材の交換を利用しなさい．

What families can do (out of 8)（家族でできること）

1	Help individuals and families resolve the 'shame issue', i.e. the shaming of non-speakers and limited speakers who must struggle to learn the native language. 個人や家族が'恥の問題'を解決するのを助ける．つまり，母語学習に格闘しているほとんど母語ができない話者が恥だと思うこと（を軽減できるように）．
2	Encourage family gatherings that focus on language teaching and learning activities. 言語を教えたり習ったりする活動に焦点を当てた家族の集まり（の機会を）多く持つ．
3	Organize family-based weekend language immersion activities. 家族単位の週末の言語漬けの活動を組織する．
4	Encourage families of speakers in culturally appropriate ways to help families of non-speakers learn the native language. 母語が話せる家族が母語を習うのを助けるため，母語話者が文化的にふさわしいやり方が出来るよう奨励する．

What communities can do (out of 12)（共同体でできること）

1	Encourage elders at senior citizens centers and other similar organizations to interact with and promote native language teaching and learning for younger groups of non-speakers. 母語話者でない若い人たちに母語の教育や学習の促進や交流が行われるよう，高齢者センターや他の組織の高齢者たちを促す．
2	Put up signs in the native language in different community settings (make sure they are written in standard form) 異なる共同体の状況の中で，母語による看板をかかげる．（標準形で書かれていることを確かめる）．
3	Develop programs for parents of children in bilingual programs; they, too, need to learn and utilize the native language. 二言語使用教育の親やこどものためのプログラムを発達させる．彼らも同様に母語を学んだり活用したりする必要がある．
4	Encourage individuals and organizations to explore teaching methods that will work in their communities. 自分たちの共同体に合う教授法を，個人や組織が模索できるように奨励する．

確認テスト2　現代のネイティブアメリカン

(1) コードトーカーとは，第2次世界大戦中にアメリカ軍の通信部隊で使われた，ナバホ族の暗号解読者（使用者）のことを指す．彼らの言語は，文字を持たないので難解で繊細という特徴を持つ．

(2) 現在，アメリカは560のインディアン部族の自治権を認めている．この部族（tribe）という言葉はアメリカ人（白人）によって使われているが，インディアンたちは，部族ではなくネイション（nation）という言葉を用いている．

(3) 2010年でも，総数177万人中，その約4分の1のネイティブアメリカンが，278カ所に点在するインディアン特別保留地 Indian reservation に住んでいる．

(4) 保留地カジノに関して，あなたは賛成ですか反対ですか．それはなぜですか．（自分の意見とその理由を書くので，解答例なし）

(5) （extra points）アメリカインディアンと黒人（奴隷）とはどのような点がどのように違うと思うか（想像するか）．
（例）インディアンは部族でまとまっているし，土地も所有していた．虐殺もされたが，白人に同化するように教育の対象になった．同化政策で人権が守られた．細々ながら，部族のアイデンティティと誇りを維持した．一方，黒人奴隷の方は，物，労働力として売買されたので，自分達だけのコミュニティーの形成は困難だった．奴隷の数が圧倒的に多かったので，政治的にも力をもつようになり，公民権運動につながっていった．

確認テスト3　Roots 単語テスト

(1) barred room　　　牢屋
(2) garment　　　衣服
(3) sore　　　傷口，ずきずき痛む
(4) itching　　　かゆい
(5) struggle　　　格闘する
(6) vainly　　　無駄に
(7) uncomprehendingly（ヒント：comprehend 理解する）：理解できない様子で
(8) mule　　　ラバ
(9) breath tight in one's throat　　　息ができない
(10) paralyze　　　麻痺する
(11) blow from a club　　　棍棒の一撃
(12) "Just picked out of the trees!" というのは誰をどのように表現したものか．
もぎたてという表現で，奴隷商人が奴隷の「生きの良さ（＝元気で良く働く）」

ことを強調している
(13) "Bright as monkeys! Can be trained for anything!" の訳と, what is your opinion about this?
(訳) サルのように賢く, 訓練すればなんにでも使える.
(気持ちを書くので, 解答例なし)

P.31 ～ P.32
最初の言語政策
① In fact, the very first language policies in our colonial history forbade, under the threat of the severest of punishments, African peoples from using their native tongues. ② Parents were not allowed to transmit their African languages to their children. In a defiant (抵抗), but creative, response to that oppression (圧政), ③ African American varieties of language were developed.

The next major repressive policy that targeted African Americans was initiated in colonial times and then carried forward until the end of the Civil War. These policies were called compulsory ignorance (or illiteracy) laws (see Weinberg, 1995). They were incorporated into the colonial slave codes and were adopted later in the southern states. ⑤ These statues made it illegal for enslaved Africans to learn to read in English, and made it illegal for any whites to assist them in the endeavor. Punishments were severe for any who were caught attempting to learn or teach.

（①の訳）実際, 植民地の歴史でまさに最初の言語政策となったものは, 実際, アメリカの植民地時代の最初の言語政策は, 最も厳しい罰則を課すと脅すことにより, 彼らのアフリカの母語使用を禁止するものだった.

（②の訳）奴隷の両親はアフリカの言語（母語）を子どもに伝承するのを禁じられた.

その圧制に対して, 反抗的ではあるが創造的な反応として,（破線の訳）③独自の英語の変種が生まれた.

アフリカンアメリカを標的とした次の主要な抑圧的な政策は, 植民地時代（colonial times）に着手され,（1865年）南北戦争（the Civil War）が終わるまで推し進められた. ④これらの政策は強制的無知法（compulsory ignorance (or illiteracy) laws-黒人に読み書きを禁止する法律）と名づけられている. これらは植民地の奴隷法（slave codes）に組み込まれ, 後に南部の州で取り入れられた. ⑤これらの法令（statutes）は, 奴隷となったアフリカ人が英語の読み（書き）を習うことを禁じ,（文字を覚えようと）努力している者に手助けするいかなる白人も, 法に反するものと定めた. 教えようとする者, 習おうとする者がつかまった時には厳しい罰則が待っていた.

確認テスト4　ジムクロウ法

Jim Crow Laws
Crow の一般名詞　カラス
Jim Crow とはどんな character を表していたか.
　黒人に扮した白人のバラエティーショーに出てくる黒人役，くろんぼうのように黒人に対する侮蔑的なぶ呼び方.
What kind of laws were Jim Crow Laws? (Japanese or English)
　生活習慣の中で黒人の権利や自由で厳しく制限する法律.
どの Jim Crow laws が自分にとって信じられないものだったか. Add your opinions, too.
(自分の感想を書くので，解答例なし)

確認テスト5　エボニックスと異った視点

　黒人奴隷たちは，アフリカの言語（自分達の母語）を話すことも，こどもにそれを伝えることも禁じられた上，強制的無知法で読み書きを禁じられた結果，エボニックスと一部称される黒人英語を発達させてきた．それが現代の学校教育でどのような弊害を生んでいるか.

　標準英語で教育しようとする側の視点（例）
　① 彼らは怠け者で知能的に劣っているというレッテルを貼る傾向 → そう思われていることがわかるので，やる気やプライドがなくなる.
　② 教えることがむずかしい. ⇔ 彼らの言語が理解できない. → だからと言って，彼らに合わせることはできない.
　③ コミュニケーションがとれない.
　④ 教養ある話ができないと思ってしまう.
　⑤ 学力が劣っていると思い，落第点をつけがち.
　⑥ 阻害する風潮.
　⑦ すでにエボニックスを身につけている人は，ゼロからスタートするよりむずかしい.

エボニックスを話す側からの視点（例）
　① コミュニケーションがとれない.
　② 進学するのに不利. → 格差が生まれる. → この Community から抜け出せない. → 格差のスパイラルから抜け出せない.
　③ エボニックス が当たりまえだと思っているので，とまどう. 標準語がわから

　　　　ない．
　④　英語をなまりなく話しても，白人と同じような成績をとっても，最後は人種のしばりみがある．
　⑤　教師がエボニックスをさげすむ態度から自分には能力がないと思ってしまう．
　⑥　標準英語を話せても，マイノリティとして迫害を受ける．
　⑦　自分のアイデンティティとなっているが，それを否定されてしまう．
　⑧　がんばって標準英語を話しても，人種差別の枠組みからはずれることができない．→ 標準英語は白人のもの．
　注）定義からすると，標準英語話者もエボニックス話者もネイティブスピーカーである．

確認テスト6　よく使われるスペイン語

英語になっているスペイン語の意味
(1) **adios** (from *adiós*) さよなら．(2) **alligator** (*el lagarto*, "the lizard") とかげ
(3) **armadillo** (literally, "the little armed one") アルマジロ (4) **bravo** すばらしい
(5) **bronco** (means "wild" or "rough" in Spanish) 野性的 (6) **desperado** ならず者
(7) **El Niño** (一般名詞) 小さい男の子 (8) **fiesta** 祭り (9) **negro** 黒
(10) **pronto** (meaning "quick" or "quickly") 早く (11) **olé** 闘牛等のかけ声
(12) **macho** (usually means simply "male") 雄 (13) **taco**(s) タコス (食べ物)

スペイン語になっているアメリカの地名例
(3) **Las Vegas** (Nevada)："meadows." 牧場
(4) **San Francisco** (California)："Saint Francis" (of Assisi)．(アッシジの) 聖フランシス
(3) **Los Angeles** (California)："angels." 天使
(4) **Santa Fe** (New Mexico)："holy faith." 聖なる信仰

中南米の国名　Argentina, Brazil, Chile, Columbia, Costa Rica, Cuba, El Salvador, Mexico, Nicaragua, Panama, Paraguay, Peru, Puerto Rico, Uruguay
(他に) Ecuador, Haiti, Jamaica, Dominican Republic, Bahama, Trididad and Tobago, Bolivia, Honduras (他)
Write your opinion about what you have learned about Hispanics/Latinos so far.
(ヒスパニック / ラティーノについての感想を書くので，解答例なし)

P.52 ～ P.53
Strangers in Their Own Land（祖国の中の異国人）
(Hold your tongue: bilingualism and the politics of "English Only", Reading, MA: Addison-Wesley　訳は，本名：61）
① 歴史的見地からいえば，英語を話す人がこの地（カリフォルニア）にやってきたのは，比較的最近のことである．アングロ系アメリカ人のほとんどは，<u>征服した人々の言語を学ばなければならないとは，感じていなかった</u>．しかし，スペイン語は生き続けた．それは単にメキシコから絶えず人々が流入してきたということだけではない．<u>さらに重要なことは，言語は生活様式を固定するが，独自の文化や伝統や地理的要因によってのみではなく，しばしば強制隔離によっても維持されるということである</u>（本名訳：101-102）
② 若くて誇り高い共和国メキシコは<u>1848 年にアメリカ・メキシコ戦争で敗北し，土地を略奪されて面目を失った</u>．It（メキシコ）は，北アメリカにより人種的，文化的優位性の主張に対して憤り，とくにアメリカの領土拡張説（manifest destiny）のごう慢さを非難した．しかし，メキシコの国家的維新にとって最もおおきな打撃は，<u>領土の半分以上をあきらめるよりさらに厳しかったことは，ある宣教師が表現したように，7 万 5,000 人ものメキシコ国民が「祖国で異国人になる」</u>のを見捨てざるをえないことである．（本名訳：102）

確認テスト 7 提案 227 に対する考え方

(1) 1918 年のスペイン語を話す生徒に対応するテキサスの法律と，ネイティブアメリカンの Boarding School の政策との共通点はなにか．
<u>学校で，対象外の言語を話したものを罰した．彼らの母語使用禁止．</u>
<u>English-only，英語以外は体罰</u>

(2) In 1990, there were 31.8 million U.S. residents（aged 5 and above）who spoke home language other than English, and of 31.8 million, 1.7 million were <u>Spanish</u> Speakers.
その理由
① （ヒント：祖国で異国人）<u>スペイン・アメリカ戦争でアメリカがスペインに勝利し，メキシコ領土がアメリカのものになり，その結果 7 万 5,000 人が祖国で異国人になったから．</u>
② （ヒント：移民）<u>メキシコなどからきた．家族がスペイン語を話す移民がいるので．</u>

(3) The modern English-only movement dates from 1983, when former Senator S.I.

Hayakawa of California proposed to found U.S. English. 多くの州がそれをまねたが，彼らの主張するところは，
　　　　（ヒント：glue）英語はアメリカの象徴，公用語であるべき，英語はアメリカ人を結びつける接着剤のようなもの．
　　　　（ヒント：sink or swim）英語を話したくなければ，元来た国に帰りなさい．
(4) 1980年代には移民の激増によりS.I. Hayakawaが提案して英語公用語化運動の結果（a. 憲法で公用語化　　ⓑ. 23州の州法で公用語として指定）された
(5) 2005年には全米のヒスパニックは，全人口（2億9,800万人）の
　　（ⓐ. 14.4%　　b. 25.6%　　c. 8.9%）を占めた．
　　家庭で英語以外の言語を話している子どもたち（5～18歳）の割合が高い州
　　テキサス　　ニューヨーク　　アリゾナ　　カリフォリニア
(6) これらの州には英語低学力者（LEP）の生徒の割合が高い．
LEPは（a. Low English Person　ⓑ. Limited English Proficiency）
　　どのような子どもが対象になるか．
　　英語以外の言語を母語としており，英語の能力が劣っていると判断された子ども．
　　　当初，LEPの生徒に英語を効率よく学習する方法と考えられていた方法は，
　　（ⓐ. 二言語使用教育　　b. English-only）である
(9) 1998年に提案227がカリフォリニア州で可決された．この法案名はEnglish for the Childrenと呼ばれているが，実際は二言語使用教育廃止法案と呼ばれる．それはなぜか．
　　　子どものためとは言いながら，子どもの母語を禁止している．
　　（二言語教育をわずか1年しか行わないので，格差を助長しているから）
この法案が可決された結果，どんな影響が出ているか（くるか）．
能力的に　　格差の拡大，どちらも中途半端，落ちこぼれて退学
　　　　　　英語が出来るようになる（母語の喪失）
心理的に　　差別感，孤独感，母語に対してコンプレックスを持つ，
　　　　　　アイデンティティの喪失
社会的に　　孤立，すみっこに追いやられる，英語支配，スラム拡大
　　　　　　愛国心がないと思われる，なまりのため雇用もむずかしい
(11) メインストリームのアメリカ人の言語観はどのようなものであると思うか．
アメリカにいるのなら英語を話せ，マイノリティーの言語の価値が英語より低い，英語を話すのが嫌なら国へ帰れ，言語の自由がない，多言語の概念が少ない

| 確認テスト8 | 日系移民の共通項 |

(解答例)
〔1〕日本からアメリカへ
① 出稼ぎ労働者が働いた場所（炭鉱・鉄道保線・製鉄所）の仕事はキツイ・汚い・危険な3K職場である．
② 言葉ができない．
③ 出稼ぎ日本人の80%はお金をためたら帰る．
④ 一攫千金の意識が強く，定住しようとする意識が弱い．
⑤ 故郷に錦を飾る．
⑥ キリスト教徒でない日本人は安息日も働く．
⑦ おまけに多産で日本人から呼び寄せた女性を奴隷的に働かせる．
⑧ 日本人は猛烈に働いて稼いだお金を日本に送金しており，地元社会に貢献しない．
⑨ 日本人は日本人同士で商売や買い物をする．地元の商店で物を買わない．
⑩ 文化・宗教的背景が異なり，アメリカに同化できない人種である．
⑪ 受け入れ社会からみれば異端であり，その品行が反発を招き，差別の原因の一つとなった．
⑫ 外国に出ても，故国の風物や食習慣を捨てきれない．
　　例：街路を歩き時は，声高に談じまた，は笑い興ずる．
　　　　夜遅声高に歌い，または，楽器などの鳴り物を弾き鳴らして，近所の邪魔をなし，または安眠を妨害すべし
⑬ 彼らの増加はこの地域の生活程度を低下させる．
⑭ 同胞社会は出稼ぎから定住に入った．

　以上は，現在日本に滞在している日系ブラジル人に対する日本の評価にぴったり当てはまるようであるが，これは，1924年まで「帰化不能外国人」として扱われたアメリカにおける日本人に対してである[79]．
〔2〕日本からブラジルの場合
それでは，日本移民はブラジルでどのように評価されたのだろうか．
① 日系人はあまり喋らないし，いつも同じ仲間で固まっていて閉鎖的である．
② 出稼ぎが目的で，数年で故郷に錦を飾ることが夢だ．
③ 日本人はよく働いて，清潔で，決して家のものを盗まない．
④ 日本人は同化しない．ブラジルの構成分子としては不適当である．
⑤ 同化しても，外見や民族的血筋のせいで，「Japonês（日本人）」として見られる．
⑥ いくら成功しても，日本語もろくに話せない子どもを連れて帰るわけにはいかない．日本人として恥ずかしくない教育だけは受けさせておきたい．

⑦ 少数だが，日本語よりもポルトガル語を子どもに学ばせ，ブラジルの教育を受けさせようとした．
⑧ 出稼ぎとしてブラジルにやってきた移民は，多くがポルトガル語を学ぼうとしなかった．
⑨ こっちの景気が悪くなり，将来の見通しがたたないと，すぐ日本に戻る．
〔3〕ブラジルから日本（日本在住の日系ブラジル人）の場合
1990年代からの日系ブラジル人と配偶者とその家族の場合はどうであろうか．
① 出稼ぎで日本に来ている．
② 日系はすなわち外国人労働者
③ 日本人が敬遠する「3K－キツイ，汚い，危険」の仕事をする．
④ ブラジルでの学歴よりも日本語や日本文化との親しみの深さが評価される．
⑤ 集中して住んでいて，自分たちだけでかたまっている．
⑥ こっちの景気が悪くなり，将来の見通しがたたないと，すぐ本国に戻る
⑦ 日本の労働市場の要請に応じて日本にきた．
⑧ 外見や民族的血筋にもかかわらず「外国人」として見られる．
⑨ 少数だが語学力をつかってサービス業や専門職の仕事をしているものもいるが多くは3Kの職場でがまんしている．
⑩ 「貧しい外国人労働者」と冷たく拒絶されがちである．
⑪ ゴミ，深夜におよぶ騒音，盗難，自転車の放置問題などの問題が，住民の不安感を増幅させる．
⑫ 日系として来ているが，文化的・民族的に異質だと扱われる．
⑬ 給料がよければ，どんなきつい仕事にも耐えられる．
　以上，〔1〕から〔3〕まで，時空と場所を越えた日系移民であるが，共通で言えることは，
　まず労働力不足（プル因子）と経済破綻（プッシュ因子）のため，出稼ぎ（お金をためたら帰る），故郷に錦をかざる（アメリカ，ブラジル，日本に共通），過酷な環境の中できつい仕事に就き，故郷に錦をかざるためにがんばるが，数が増えると恐れられる．時には激しい人種的偏見にあう，などである．

| 確認テスト9 | アメリカ文化，言語研究 |

(1) 以下の (a) と (b) を「移民」と「日系」の定義を使って説明しなさい．
　(a) 現在の日本政府には，ニューカマーに対して「移民」という概念があるか．
　　（1. ある　②. ない）
　　　その根拠　法として「移民」の存在を認めていない．
　(b) 母親が日本人で父親がシンガポール人の場合，定義上その子どもは日系人か
　　（1. そうだ　2. 違う）

　　　　　その根拠　（自分の意見を書くので，解答例なし）
(2) 明治初期のカリフォルニア州への日本人移民について．
　1850年代，当時日本が日清・日露戦争の帰還兵の失業問題，地租改正が原因で農村（特に西日本地域）が困窮し，明治政府がハワイへの「ハワイ官約移民（移民政策も可）」を奨励したので，その数が7万4,000人にもなった．当初，鉄道や炭鉱業などの重労働をしていた「中国人」の代わりに移民したものの，その数が増えると，アメリカ人から脅威と思われ始め，差別や迫害の対象となった．その結果，1924年の移民法は「排日移民法」と呼ばれた．
　一方，日系アメリカ人は第2次世界大戦中　帰化不能外国人（あるいは敵性外国人，収容に収監）という扱いをうけた．アメリカに忠誠心を誓った者は，兵士として戦地へ送られ，そうでない若者はNo-No Boyと呼ばれ徴兵拒否者として刑務所に送られた．
(3) 1910年代の日本からブラジルの移民について
　日本側のプッシュ要因　経済の悪化，政府の推奨
ブラジル側：1919年にブラジル政府は「白人化（脱奴隷）」をめざし，アジア人と黒人（奴隷）の入国を禁止したが，日本政府の「日本人はアジアの西洋人」との宣伝をした結果，「イタリア人」の代わりに許可した．
ブラジルでの生活はどのようなものだったのか．過酷な仕事，言葉の問題，コロニー，故郷に錦，一時的滞在
(4) 1990年代にブラジルから日本に来た日系ブラジル人について．
ブラジル側のプッシュ要因　景気の悪化
日本側のプル要因　労働力不足
日本での生活はどのようなものか（だったか）．①主に3Kの仕事に従事．当初はお金が貯まったが不況時にはまっ先に解雇される不安定な生活．②生活面や教育面の支援はあるが，母語維持，アイデンティティーの形成，偏見などの問題もある．
(5) 主に浜松の日系ブラジル人の親がブラジル人学校を選択した背景とその理由は何か．　　母語維持，日本語の価値，いじめ，いずれ帰るので．
(extra) 自分の意見を書く練習
　1990年の入国管理法改正以来，日本に定住を始めた日系ブラジル人は，世界的経済不況のあおりで，「派遣切り」という形で失業を余儀なくされてしまい，浜松市では2008年9月末の4万人強から6,000人も減少した．同時に2009年には外国人学校のこどもも約2,500人減少し，約35%が「自宅待機」や「不就学」になった．次のヒントを参考に，「真の国際化とはなにか」を論じなさい．
　　ヒント：「移民=外国人労働者」「脱亜入欧」「出稼ぎ」「デカセギ」「ブラジル人」「3K」「国際化=外国人=英語話者」「先入観」「母語教育」「日本語教育」「同化」

(自分の意見を書くので，解答例なし)

　このアメリカ文化・言語研究の授業の紹介では，ネイティブアメリカン（アメリカ・インディアン），アフリカン・アメリカン（黒人），黒人奴隷，ヒスパニック，日系人について，人種・エスニシティ・教育・言語政策の枠組みから見てきましたが，あえて「文化」について言及しなかったのはなぜだと思いますか．
(自分の意見を書くので，解答例なし)

　英語教育を大きな枠組みでとらえると，「日本人の全部が英語を学ぶことは国家利益の点からは大損だ」「国際言語である英語を身につけることはもはや欠かせない」と相反する意見があります．日系ブラジル人の親の言語選択や，日本の小学校の「英語」導入を踏まえて，1と2のどちらかについて論じてください．
1. 国際化時代の英語教育
2. 日本人にとっての「英語」の位置づけ
(自分の意見を書くので，解答例なし)

確認テスト 10　言語帝国主義とは？

(1) Periphery-English Countries とはどこの国をさすか（p.24）．
　第二言語もしくは外国語として英語を使う国と，日本やスカンジナビアのように国際（関連）語（international link language）あるいは外国語として英語を学ぶ国（推定13億人）と，インド，ガーナ，ナイジェリア，ケニア，フィリピン，シンガポール（推定10億人）のように植民地として強制的に英語が公用語になった国．

(2) Linguistic Imperialism（言語帝国主義）の一番通用する定義（working definition）はなにか（p.47）．
　英語と他の言語の構造的，文化的不平等の構築と再構築が繰り返される状況．その要因となりうるものは，政治的圧力や軍事的侵略など，植民地における教育や同化政策，それに伴うキリスト教などの布教により，弱い立場の言語を支配し，場合によっては言語抹殺（linguistic genocide）を引き起こす．また，文化や経済力で言語が広まり，弱い言語が侵略されていく場合もある．

(3) Linguistic Imperialism の一例として Linguicism（言語差別）をあげているが，この言葉の定義はなにか．
　言語にもとづいて分類されている集団の間に，権力と資源の不平等な分配を合法化・達成・再生産するために用いられる信条，構造，慣習のこと．

(4) Linguiicism はどんな時におこるといっているか．
　いくつかの言語が政府に認められている場合に，教員養成，教育カリキュラム，学校の時間割が1つの言語に優先的に与えられている場合．

(5) Anglocentricity とはどういうことか.
民族中心主義と類似していて，自分の中の基準で他の文化を判定する．英語を基準に他の言語の価値が低く，英語が優れていることを強調するもの．
(6) Professionalism（専門性）とはどういうことか.
英語教育の分野で扱われている理論を含めた方法論，技術，教え方の手順が言語習得を理解し分析するのに十分であると考えること．これには，学習者がおかれている社会問題（貧困，政治，経済など）を考慮に入れていない．
(7) Anglocentricity と Professionalism が一緒になるとどういう現象がおきるか.
英語と他の言語との間の，文化的，組織的な不平等に寄与する信念や活動を合法化することで，英語の優位性を正当化する．
(8) ELT（English Language Teaching）の一番の課題はなにか.
発展途上国の英語学習者はどの英語の規範を目標とすべきかということ．

引用・参考文献

青柳清孝（2008）「開発としてのカジノ経営―その成果と課題」岸上伸啓（編著）『北アメリカ先住民の社会経済開発』pp.137-159，明石書店
朝日新聞 a（2008）「外国人単純労働者，受け入れ加速論」5月21日朝刊
朝日新聞 b（2008）「社説　日系人の失業　仲間支える社会の責任」12月25日
東栄一郎（2002）アケミ・キクムラ＝ヤノ（編）『アメリカ大陸日系人百科事典』明石書店
油井大三郎（2006）「二十一世紀の世界とアメリカのゆくえ」紀平英作・油井大三郎（編著）『グローバリゼーションと帝国』ミネルヴァ書房
阿部珠理（2008）『新しいバッファローを求めて―ラコタ・スー族の経済開発』岸上伸啓（編著）「北アメリカ先住民の社会経済開発』(39-68) 明石書店
依光正哲（編者）（2005）『日本の移民政策を考える―人口減社会の課題』明石書店
池上重弘（編著）（2001）『ブラジル人と国際化する地域社会』明石書店
伊豫谷登士翁（2001）『グローバリゼーションと移民』有信堂高文社．
伊藤章（1998）「マイノリティ論と言語文化政策」『国民国家とエスニック・マイノリティの現在―言語文化政策を軸としたマジョリティ＝マイノリティ関係論』北海道大学言語文化部
インディアン居留地 Wikipedia，ja.wikipedia.org/wiki/インディアン居留地
今田英一（2005）『コロラド日本人物語―日系アメリカ人と戦争，60年後の真実』星雲社
江成幸（2008）「アメリカ合衆国のアフリカン・ディアスポラ―反人種主義の連帯を求めて」岸上伸啓（編著）『北アメリカ先住民の社会経済開発』pp.194-207，明石書店
岡部牧夫（2002）『海を渡った日本人―日本史リブレット五六』山川出版
オッペンハイム・ジョアンヌ（2008）『親愛なるブリードさま―強制収容された日系二世とアメリカ人図書館司書の物語』（今村売訳）柏書房
梶田孝道（2006）「国民国家の境界と日系人カテゴリーの形成」『顔の見えない定住化，日系ブラジル人と国家・市場・移民ネットワーク』（第2版）名古屋大学出版会
加藤博恵（2011）「地方ジ自体と日系ブラジル人―関東，東海，関西」三田千代子（編）『グローバル化の中で生きるとは―日系ブラジル人のトランスナショナルな暮らし』pp.67-87 上智大学出版会
川村リリ（2000）『日本社会とブラジル人移民』明石書店
駒井洋（1999）『日本の外国人移民』明石書店
児島明（2006）『ニューカマーの子どもと学校文化』勁草書房
小山透，品川ひろみ（2009）「帰国児童の現状と日系人のデカセギ意識」小内透（編）『ブラ

ジルにおけるデカセギの影響』pp.131-164, 御茶の水書房

坂口満宏 (2007)「新しい移民史研究にむけて」米山裕・河原典史 (編著)『日系人の経験と国際移動―在外日系人・移民の近現代史』人文書院

志柿光浩, 三宅禎子 (2010)「プエルトリコ人ディアスポラ」中川文雄他 (編著)『ラテンアメリカン・ディアスポラ』(39-78) 明石書店

静岡新聞 (2009a)「ブラジル人6000人減：不況で帰国, 転出増」11月2日朝刊

静岡新聞 (2009b)「不就学外国人の子に学習の場を：文科省, 支援教室設置へ」11月3日朝刊

白山泉 (2011)「働き方の行方 2011冬 (7) 帰国するブラジル人：静岡経済」『中日新聞』CHUNICHI Web (2011年12月7日)

Sugino, T. (2003). Critical View on Language Learning in Japan: English or Englishes? 『防衛大学校紀要 (人文科学篇)』第87輯, pp.1-24, 2003年10月

杉野俊子, 日系人インタビューデータ (2003年1月, 浜松にて)

杉野俊子 (2006)「English-Only 政策に見るアメリカ的言語価値観」『アメリカ的価値観の揺らぎ』pp.75-106 三和書籍

杉野俊子a (2008)『Nikkei Brazilians at a Brazilian School in Japan: Factors affecting lan-guage decisions and education』慶応義塾大学出版会

杉野俊子b, 日系人インタビューデータ (2008年7月, 浜松にて).

杉野俊子c (2008)「言語選択・国際化・共生に対する二面性：浜松市の地域住民と日系ブラジル人の場合」第10回 日本言語政策学会全国大会発表原稿

杉野俊子 (2009)「太平洋を渡った日本人, 帰ってきた日系人：グローバリゼーションの落とし子は故郷に錦を飾れたか？」『グローバリゼーションとアメリカ・アジア太平洋地域』杉田米行 (編著) 大学教育出版

杉野俊子 (2010)「日系・外国人・国際化の概念に現れる二面性―地域住民の意識調査を通して―」(未発表原稿)

鈴木透 (2005)『実験国家アメリカの履歴書』第2版, 慶應義塾大学出版会

鈴木無絃 (1924)『驚き入った母国の社会』第2版, 二松堂書店

関口知子 (2003)『在日日系ブラジル人の子どもたち―異文化に育つ子どものアイデンティティ形成』明石書店

高橋幸春 (1997)『日系人―その移民の歴史』三十一書房

谷本和子 (2008)『ナヴァホ・ネイションの近代化と経済開発―アメリカ合衆国における「第三世界」の諸相』岸上伸啓 (編著)「北アメリカ先住民の社会経済開発」pp.69-102 明石書店

津田幸男 (2005)『言語・情報・文化の英語支配―地球市民社会のコミュニケーションのあり方を模索する』, 明石書店

デグラー，カール（1986）『ブラジルと合衆国の人種差別』（儀部景俊訳）亜紀書房
トレナートR（Trennert, R. Jr.）(1988). The Phoenix Indian School. 斎藤省三訳（2002）『アメリカ先住民：アリゾナ・フェニックス・インディアン学校』明石書店
テルズ，エドワード・E（2011）『ブラジルの人種的不平等：多人種国家における偏見と差別の構造』（伊藤秋仁，冨野幹雄訳）明石書店
二宮正人（2008）「ブラジル人日系社会における言語継承」『日本言語政策学会論文集4』
ネイティブアメリカン Wikipedia, ja.wikipedia.org/wiki/ ネイティブ・アメリカン
野村敬志（2003）「ロスアンジェルスにおける駐在員コミュニティの歴史的経験」『海外における日本人，日本のなかの外国人』昭和堂
浜松国際交流協会（HICE）（2008）『News』No. 274.
浜松国際交流協会（HICE）（2011）http://www.hi-hice.jp/index.php
ヒュー・バイアス（2007）内山秀夫・増田修代（訳）『敵国日本』刀水書房
渕上英二（1995）『日系人証明―南米移民 日本への出稼ぎの構図』新評論
別府春海（2005）「英語支配にどう対処したらよいか」津田幸男（編）『言語・情報・文化の英語支配―地球市民社会のコミュニケーションのあり方を模索する』明石書店
本名信行（1994）『移民社会アメリカの言語事情―英語第一主義と言語主義の戦い』J. Crawford（翻訳），ジャパンタイムス.
本名信行（1999）『アジアをつなぐ英語―英語の新しい国際的役割』アルク
本名信行，A. カークパトリック（2004）『異文化をつなぐ英語–Intercultural English』郁文堂
前山隆（1996）『エスニシティとブラジル日系人―文化人類学的研究』御茶の水書房
前山隆（2002）「一九二〇年代ブラジル知識人のアジア人人種」柳田利夫（編）『ラテンアメリカの日系人―国家とエスニシティ』，慶応義塾大学出版会
松岡泰（2006）『アメリカ政治とマイノリティ』ミネルヴァ書房
松原好次（2002）「アメリカの公用語は英語？―多言語社会アメリカの言語戦争―」河原俊昭（編）『世界の言語政策』pp.9-40，くろしお出版
松本逸也（2004）『脱亜の群像―大日本帝国漂流』人間と歴史社
三田千代子（2002）「ナショナリズムとエスニシティ・グロバライゼーションとエスニシティ」柳田利夫（編）『ラテンアメリカの日系人―国家とエスニシティ』慶應義塾大学出版会
村井忠正（編者）（2007）『トランスナショナル・アイデンティティと多文化共生―グローバル時代の日系人』明石書店
物部ひろみ（2007）「ハワイ日系二世のアイデンティティと政治参加」米山裕・河原典史（編著）『日系人の経験と国際移動―在外日系人・移民の近現代史』人文書院
安井健一（2007）『「正義の国」の日本人』アスキー出版
山本昭（2002）「地元の声に耳を傾けて」宮岡伯人，崎山理（編）『消滅の危機に瀕した世界

言語』pp.291-304, 明石書店
山脇千賀子（2010）「ラティーノの可能性―出移民地域としてのラテンアメリカをめぐる国際的取組」中川文雄他（編著）『ラテンアメリカン・ディアスポラ』pp.263-281, 明石書店
「ラティーノ‼米国最大のマイノリティ」,『U.S. FrontLine』No.190（2003/07/20号）www.nybct.com/zz01-latino-what.html
レイン・リュウ・ヒラバヤシ, アケミ・キクムラ・ヤノ, ジェームズ・A・ヒラバヤシ（2006）『日系人とグローバリゼーション』人文書院

Akuzawa, M. (1998). *Mainoriti no kodomotach to kyoiku* [Minority children and education]. In A. Nakagawa (Ed.), *Mainoriti no kodomotachi* [Minority children] (pp.88-113). Tokyo: Akashi Shoten.

Ahearn, L. M. (2012). *Living language: An introduction to linguistic Anthropology*. Malden, MA: Wiley-Blackwell.

American Indian Boarding Schools Haunt Many, www.npr.org/templates/story/

Baugh, J. (1999). *Out of the mouth of slaves: African American language and educational malpractice*. Austin, Texas: The University of Texas Press.

Baugh, J. (2000). Beyond Ebonics: Linguistic pride and racial prejudice. Oxford, UK: Oxford University Press.

Baugh, J. (2009). Ethnolinguistic in the USA. In Harbert, W. (Ed.). *Language and Poverty* (pp.67-77). Bristol, U.K.: Multilingual Matters.

Brazilian elementary school. Hamamatsu, Japan 2002 http://www.discovernikkei.org/en/nikkeialbum/items/2589/

Cary, A. B. (2001). Affiliation, not assimilation: Resident Koreans and ethnic education. In M. G. Noguchi & S. Fotos (Eds.), *Studies in Japanese bilingualism* (pp.98-132). Clevedon: Multilingual Matters.

Chang, J. (1998) Ebonics flunks a test. http://www.laweekly.com/content/printVersion/29898/ July30.

Carrasquillo, A. L., & Rodriguez, V. (1996). *Language minority students in the mainstream classroom*. Philadelphia: Multilingual Matters.

Carrasquillo, A. and Rodriguez, V. (2000). *Language minority students in the Mainstream Classroom*. Clevedon, England: Multilingual Matters, Ltd.

CliffsNotes, com. *When speaking about Native Americans, what is the difference between an Indian tribe and an Indian Nation?* 11 Jun. 2012 ⟨http:www.Cliffsnotes.com/Section/id-305402, article-8088.html⟩

Crawford, J. (1992). *Hold your tongue: Bilingualism and the politics of "English Only"*.

Reading, MA: Addison-Wesley.

Crawford, J. (1995). Endangered native American languages: what is to be done, and why? *The Bilingual Research, Journal*, Winter 1995, vol.19-1,17-38.

Crawford, J. (1998). "English only for the children?-California voters are asked to decide. *TESOL Newsletter*, April 1998.

Crawford, J. (2000). *At war with diversity: U.S. language policy in an age of anxiety*. Clevedon, U.K.: Multilingual Matters.

Cummins, J. (1999). The ethics of doublethink: Language rights and the bilingual education debate. In R. DeVillar&T. Sugino (Eds.), *TESOL Journal*. 8 (3), Autumn Special Ed. 1999, 13-17.

Cummins, J. (2000). *Language, power, and pedagogy: Bilingual children in the crossfire*. Clevedon, U. K.: Multilingual Matters.

Davis, K. A. (1999). The sociopolitical dynamics of indigenous language maintenance and loss: A Framework for language policy and planning. In T. Huebner & K. A. Davis (Eds.), *Sociopolitical perspectives on language policy and planning in the USA* (pp.67-97). Philadelphia, PA: John Benjamin Publishing.

DeBiaggi, S. (2002). *Changing gender roles: Brazilian immigrant families in the U.S.* In C. Suarez-Orozco & M. Suarez-Orozco (Eds. series). New York: LFB Scholarly Publishing LLC.

DeCarvalho, D. (2003). *Migrants and identity in Japan and Brazil*. New York, NY: Routledge Curzon.

Degler, Carl (1971). *Neither Black nor white: Slavery and race relations in Brazil and the United State*. NY: MacMillan Publishing Co.

Del Valle, S. (2003). *Language rights and the law in the United States*: Finding our voices. Clevedon, U.K: Multilingual Matters.

Dicker, S. J. (2003). Languages in America: A Pluralist view. 2nd edition. Clevedon, U.K.: Multilingual Matters.

Dinnerstein, L. & Reimers, D. M. (1988). *Ethnic Americans: A history of immigration* (3rd ed.). New York: Harper & Row.

Edwards, V. (2004). *Multilingualism in the English-speaking world*. Oxford, U. K.: Blackwell Publishing.

Eggington, W. (1997). The English metaphors we plan by. In W. Eggington & H. Wren (Eds.). *Language policy* (pp.29-46). Canberra, Australia: Language Australia Ltd.

Encyclopedia of North American Indians: Native American history, culture, and life from Paleo-Indians to the present. (1996), F. E. Hoxie (Ed.), Boston: Houghton Mifflin

Co.

Enoi, Y. (2000). Atarashii gaikokujin・new comer no kodomo no nihongo・Bogo shidou ni tsuite [Japanese language and mother tongue instruction for children of new foreigners-new comers] In M. Yamamoto (Ed.), Nihon no bilingual kyoiku [Japan's bilingual education] (pp.127-164). Tokyo: Akashi Shoten.

Faltis, C. (1997). *Unpublished interview transcription on bilingual education.*

Freeman, R. F. (1998). *Bilingual education and social change.* Clevedon, U. K.: Multilingual Matters.

Fuchigami, E. (1995). *Nikkeijin shoumei-nanbei imin, nihon e no dekasegi kozu* [Proof of Nikkeijin-South American immigrants, the demography of dekasegi to Japan]. Tokyo: Shinhyoron.

Garcia, J. & Nieves-Ferreri, K. (2001). *Voices of New York*
http://www.nyu.edu/classes/blake.map2001/puertorico.html

Great American Boycott From Wikipedia, the free encyclopedia
http://en.wikipedia.org/wiki/2006_United_States_immigration

Harris, L. (2004). In Mankiller, W. (Ed.). Everyday is a good day: *Re-flections by Contemporary Indigenous Women* (pp.68-69). Colorado: Fulcrum Publishing.

Hernández-Chávez, E. (1988). Language policy and language rights in the United States. In T. Skutnabb-Kangas & J. Cummins (Eds.), *Minority Education: From shame to struggle* (pp.45-56). Clevedon, U.K.: Multilingual Matters.

Hosay, P. M. (1977). *The Puerto Rican Experience. 5 Ethnic groups in New York City.*

Jago, C. (1998). Proposition 227, thus far constitutional. *The NCTE Council Chronicle,* Sept. 1998 Issue.

Japanese Americans at Manzanar
http://www.nps.gov/manz/historyculture/japanese-americans-at-manzanar

Japanese Brazilian From Wikipedia, the free encyclopedia
http://en.wikipedia.org/wiki/Japanese_Brazilians

Jasso-Aguilar, R. (1999). Language planning and policy in the US: Honoring language rights and building on language resources. In K. A. Davis (Ed.), (pp.3-19). *Foreign language teaching & language minority education.* Honolulu, HI: University of Hawaii at Manoa.

Jim Crow Laws: New World Encyclopedia,
www.newworldencyclopedia.org/entry/Jim_Crow_laws

Jordan DF (1988). Rights and claims of indigenous people: Education and the reclaiming of identity. In T Skutnabb-Kangas & J. Cummins (Eds.). *Minority education: from shame to struggle*. Clevedon: Multilingual Matters.

Kaplan, R. B., & Baldauf, R. B., Jr. (1997). *Language planning: From practice to theory*. Clevedon: Multilingual Matters.

Kaplan, R. B., & Baldauf, R. B. Jr. (2003). *Language and language-in-education planning in the pacific basin*. Dordrecht, The Netherlands: Kluwer Academic.

Kawamura, L. (2000). *Nihon shakai to Burajiru imin* [Japanese society and Brazilian immigrants]. Tokyo: Akashi Shoten.

Komai, H. (1999). *Nihon no gaikokujin imin* [Foreign immigrants in Japan]. Tokyo: Akashi Shoten.

Knower, R. (2002). Deconstructing the Japanese national discourse: Laymen's beliefs and ideology. In R. T. Donahue (Ed.), *Exploring Japaneseness: On Japanese enactments of culture and consciousness* (pp.169-195). Westport, CT: Ablex.

Kubota, R. (2002). Japanese identities in written communication: Politics and discourses. In R. T. Donahue (Ed.), *Exploring Japaneseness: On Japanese enactments of culture and consciousness* (pp.294-315). Westport, CT: Ablex.

Lanehart, S. L. (2010) . African American Language. In J. A. Fishman & O. García (Eds.), *Handbook of language and ethnic identity: Disciplinary and regional perspectives, Vol.1* (pp.340-352). New York, NY: Oxford University Press.

Lee, T. & Mclaughlin, D. (2001). Reversing Navajo Language Shift, Revisited. Fishman, J.A. (Ed.) *Can threatened language be saved?* (pp.3-43). Clevedon: Multilingual Matters.

Lesser, J. (2001). *Negotiating national identity: Immigrants, minorities, and the struggle for ethnicity in Brazil* (2nd ed.). Durham, NC: Duke University Press.

Lie, J. (2001). *Multiethnic Japan*. Harvard University Press.

Linger, D. T. (2001). *No one home: Brazilian selves remade in Japan*. Stanford: Stanford University Press.

Link, M. A. (Ed.) (1968). *Navajo: A Century of progress 1868-1968*. Window Rock, AZ: The Navajo Tribe.

Lopez, D. E. & Santon-Salazar, R. D. (2001). Mexican Americans: A Second generation at risk. In R. G. Rumbaut & A. Portes (Eds.). *Ethnicities: Children of immigrants in America* (pp.57-90). Berkeley, CA: University.

Lowenberg, P. H. (2000). Non-native varieties and the sociopolitics of English proficiency assessment. In J. K. Hall & W. G. Eggington (Eds.), *The Sociopolitics of English language teaching* (pp.67-85). Cleveland, Ohio: Multilingual Matters.

Macías, R. F. (2000). The flowering of America. In S. L. McKay & S-L. C. Wong (Eds.), *New immigrants in the United States* (pp.11-57). Cambridge, U. K.: Cambridge

University Press.

Maeyama, T. (1997). *Iho ni nihon wo tatematsuru-Burajiru Nikkeijin no shukyou to esunishiti* [Revere Nihon in a foreign country: Brazilian Nikkeijins' religion and ethnicity]. Tokyo: Ochanomizu Shobo.

Maher, J. C. (2001). Akor itak-Our language, your language: Ainu in Japan. In J. A. Fishman (Ed.), *Can threatened languages be saved?* (pp.323-349). Clevedon: Multilingual Matters.

Manabe, I., & Befu, H. (1992). Japanese cultural identity: An empirical investigation of Nihonjinron. In *Japanstudein: Jahrbuch des Deutschen Instituts für Japanstudien der Philipp-Franz-von-Siebold-Stiftung* (Vol. 4, pp.89-102). München: Ludicium Verlag.

Marainen, J. (1988). Returning to Same identity. In Skutnabb-Kangas, T.& Cummins, J (Eds). *Minority Education. From Shame to Struggle.* (pp.179-189). Clevedon: Multilingual Matters.

Martin Luther King, Jr. From Wikipedia, the free encyclopedia, en.wikipedia.org/wiki/Martin_Luther_King,_Jr

May, S. (2001). *Language and minority rights: ethnicity, nationalism and the politics of language*. London, U.K.: Pearson Education.

McCarty (2002). *A place to be Navajo: Rough Rock and the struggle for self-determination in indigenous schooling*. Mahwah, NJ: Lawrence Erlbaum Assoc.

McConnell, D. L. (2000). *Importing diversity: Inside Japan's JET program*. Berkeley: University of California Press.

McDaniel, M. (1977). I keep wondering how I will survive. In J. B. Katz (Ed.), *I am the fire of time: The voices of Native American Women*. New York, NY: Dutton.

McGroarty, M. (1997). Language policy in the USA: National values, localloyalties, and pragmatic pressures. In W. Eggington & H. Wren (Eds.), *Language policy* (pp.69-90). Canberra, Australia: Language Australia Ltd.

MEXT (2001). *Shougakko eigo katsudo jissen no tebiki* [Practical handbook for elementary school English activities]. Tokyo: Ministry of Education, Culture, Sports, Science and Technology.

Miffin, H. (2009), *Encyclopedia of North American Indians : 1896 to the Present*, Finkelman, P. (Ed. in chief), Oxford University Press

Modern social statistics of Native Americans from Wikipedia, the free encyclopedia. en.wikipedia.org/wiki/Modern_Social_Statistics...Americans

Murphy, K. (2011). New data on attendance, suspension rates and scores of Oakland's African American males.

http://www.ibabuzz.com/education/2011/01/24/new-data-on-attendance-suspension-rates.

Murphy-Shigematsu, S. (2003). Identities of multiethnic people in Japan. In M. Douglass & G. S. Roberts (Eds.), *Japan and global migration: Foreign workers and the advent of a multicultural society* (pp.196-216). First published 2000 by Routledge. Honolulu, HI: University of Hawaii Press.

NCTE Newsletter (1998). *Bilingual education takes hit in California*. September.

Ninomiya, M. (2001). Nihon ni okeru nikkei brazil-jin no shuurou ni kannsuru rekishi/shakaiteki haikei nitsuite [The historical and social background of employment of Nikkei Brazilians in Japan], In S. Kim (Ed.), *Zainichi mainoriti studies I: Nikkei nanbeijin no kodomono bogo kyouiku* [Studies of minority children in Japan I, Mother tongue maintenance for children of Nikkei South Americans] (pp.26-34). Kobe, Japan: Kobe Teijyu Gaikokujin Shien Center.

Okano, K., & Tsuchiya, M. (1999). *Education in contemporary Japan: Inequality and diversity*. Cambridge, U.K.: Cambridge University Press.

Pavlenko, A. (2004). The making of an American: Negotiation of identities at the turn of the twentieth century. In A. Pavlenko & A. Blackledge (Eds.), *Negotiation of identities in multilingual contexts* (pp.34-67). Clevedon, U. K.: Multilingual Matters Ltd.

Pease-Alvarez, L. (2003). Transforming perspectives on bilingual language socialization. In R. Bayley & S. R. Schecter (Eds.), *Language socialization in bilingual and multilingual societies* (pp.9-24). Clevedon, U.K.: Multilingual Matters.

Pennycook. A. (2000). *Critical applied linguistics: A critical introduction*. Erlbaum.

Phillipson, R. (2000). *Linguistic Imperialism*, 5th ed. Oxford: Oxford University Press.

Pousada, A. (1996) On the Horns of a Language Planning Dilemma *TESOL Quarterly vol.30, No.3*, Autumn, pp.499-510.

Purerto Rican migration to New York.
 http://en.wikipedia.org/wiki/Puruto_Rican_migrantion_to_New_York.

Potowski, K. (2010). Langauge diversity in the USA: Dispelling common myths and appreciating advantages. In K. Potowski (Ed.), *Language diversity in the USA* (pp.1-24). Cambridge, U.K.: Cambridge University Press.

Reyhner, J. (1996). Rationale and needs for stabilizing indigenous languages. In J. Cantoni (Ed.), *Stabilizing indigenous languages* (pp.3-15). Flagstaff, AZ: Northern Arizona University.

Ricento, T. (1996). Language policy in the United States. In M. Herriman & N. Burnaby (Eds.) *Language policy in English-dominant countries: Six case studies* (pp.122-158).

Clevedon: Multilingual Matters.

Ricento, T.(1997). Language policy and education in the United States. In R. Wodak & D. Corson (Eds.), *Encyclopedia of language and education, Vol 1: Language policy and political issues in education* (pp.137-148). London, U.K.: Kluwer Academic Publishers.

Rickford, J. R. (2005). Using the vernacular to teach the standard. In J. D. Ramirez, T. G. Wiley (Eds.). *Ebonics: The urban education debate*, 2nd ed. (pp.18-40). Clevedon, U.K.: Multilingual Matters.

Roberts, G. (2003). NGO support for migrant labor in Japan. In M. Douglass & G. S. Roberts (Eds.). *Japan and global migration: Foreign workers and the advent of a multicultural society* (pp.275-300). First published 2000 by Routledge. Honolulu, HI: University of Hawaii Press.

Roth, J. H. (2002). *Broken homeland: Japanese Brazilian migrants in Japan*. Ithaca: Cornell University Press.

Schmidt, R. Sr. (2006). Political theory and language policy. In Ricento, T. (Ed.), *An introduction to language policy: Theory and method* (pp.95-110). Oxford, U.K.: Blackwell Publishing.

Sekiguchi, T. (2003). *Zainichinikkei Burajirujin no kodomotachi-Ibunkakan ni sodatsu kodomono aidentiti keisei* [Nikkei Brazilian children in Japan-Identity formation of children of multiple cultures]. Tokyo: Akashi Shoten.

Shimizu, H. (2001). Mondai toshiteno Newcomer [Newcomers as problems]. In H. Shimizu & M. Shimizu (Eds.), *Newcomer to kyoiku* [Newcomers and education] (pp.11-30). Tokyo: Akashi Shoten.

Shimizu, H. & Shimizu M. (Eds.) (2001). *Newcomer to kyoiku* [Newcomers and education]. Tokyo: Akashi Shoten.

Skutnabb-Kangas, T. (1999). Linguistic human rights-Are you naïve, or what? In R. DeVillar & T. Sugino (Eds.), *TESOL Journal*, 18 (3), Autumn (Special Edition) 1999, (pp.6-12).

Skutnabb-Kangas, T. (1981) *Bilingualism or not: The education of minorities*. Multilingual Matters.

Skutnabb-Kangas, T (2000). *Linguistic genocide in education-or worldwide diversity and human rights?*. Erlbaum

Slavery in America, org/geography/slave_law_Sc.htm

Slavery in the United States From Wikipedia, the free encyclopedia, en.wikipedia.org/wiki/Slavery_in_the_United_States.

Smitherman, G. (2005). Black Language and the Education of Black Children: One More

Once. In J. D. Ramirez, T. G. Wiley (Eds.). *Ebonics: The urban education debate*, 2nd ed. (pp.41-48). Clevedon, U.K.: Multilingual Matters.

Son, Y. (2000). Zainichi Chosenn jin no kodomo no nihonngo niyoru kyouiku karano norikoe [Challenge Japanese language education for resident Korean children]. In M. Yamamoto (Ed.), *Nihon no bilingual kyoiku* [Japan's bilingual education] (pp.86-126). Tokyo: Akashi Shoten.

Sugino, T. (2001). Critical view on language learning in Japan: English or Englishes? *Jounral of National Defense Academy, No. 87*, (pp.1-24).

Sugino, T. (2004). *Comparative Minority History: The Case of the U.S.A.* Unpublished Term Paper at Temple University of Japan.

Sugino, T. (2008). *Nikkei Brazilians at a Brazilian School in Japan: Factors affecting language decisions and education*. Tokyo: Keio University Press.

Suzuki, T. (1999). *Nihonjin wa naza eigo ga dekinainoka. (Why are Japanese poor at English?)*, Tokyo: Iwatani.

Tanaka, H. (2003). *Zainichi gaikokujin-hou no kabe kokorono mizo* [Resident foreigners: Legal barriers, little sympathy] (16th edition). Tokyo: Iwanami.

Tells, E. E. (2004). *Race in another America*. Princeton University Press.

Tollefson, J. (1991). *Planning language, planning inequality: Language policy in the community*. Longman.

Trennert, R, Jr. (1988). *The Phonix Indian School.*

Tse, L. (2001). *Why don't they learn English?: Separating fact from fallacy in the U.S. language debate*. New York, NY: Teachers College at Columbia University.

Tsuchida, M. (1998). A history of Japanese Emigration from the 1860s to the 1990s. In M. Weiner & T. Hanami (Eds.), *Temporary workers or future citizens?* (pp.77-119). New York: New York University Press.

Tsuda, T. (2003). *Strangers in the Ethnic Homeland: Japanese Brazilian Return Migration in Transnational Perspective*. New York: Columbia University Press.

Twain, M. (1884) オリジナル The Adventures of Huckleberry Finn. Penguin Classics

U.S. Census Bureau (2010). *Income, Poverty, and Health Insurance Coverage in the United States: 2010*, Report P60, n. 238, pp.68-73.

Vetlman, C. (2000). The American linguistic mosaic: Understanding language shift in the United States. In S. L. McKay & S-L. C. Wong (Eds.), *New immigrants in the United States* (pp.58-93). Cambridge, U. K. : Cambridge University Press.

We the People (2006) American Indians and Alaska Naïve in the United States. *Census 2000 Speical Report*. U.S. Department of Commerce, Issued Febrauray 2006.

Wei, W. (1993). *The Asian American movement*. Philadelphia, PA: Temple University Press.

Weiser, Kathy (2010). *Native American Legends: Navajo Long Walk to the Bosque Redondo/Legends of America*, updated April 2010.

What is the Difference Between Latino, Chicano, and Hispanic?
www.wisegeek.com/what-is-the-difference-between-latino-chicano-and-hispanic.htm

Wiley, T. G. (1999). Comparative historical analysis of U.S. language policy and language planning: Extending the foundations. In T. Huebner & K. A. Davis (Eds.), *Sociopolitical perspectives on language policy and planning in the USA* (pp.17-38). Philadelphia: John Benjamins Publishing Co.

Wiley. T. G. (2000). Accessing language rights in education: A brief history of the U.S. context. In J. W. Tollefson (Ed.). *Language policies in education: critical issues* (pp.39-64). Mahwah, NJ: Lawrence Erlbaum Associates.

Wiley, T. G. (2005). Ebonics: Background to the current policy debate. In J. D. Ramirez, T. G. Wiley & others (Eds.) (2nd Ed.), *Ebonics: The urban education debate* (pp.3-18). Clevedon: Multilingual Matters.

Wren, H. (1997). *Making a difference in language policy agendas*. In W. Eggington & H. Wren (Eds.). *Language policy* (pp.3-28). Canberra, Australia: Language Australia Ltd.

Yamanaka, K. (2003). "I will go home, but when?": Labor migration and circular diaspora formation by Japanese Brazilians in Japan. In M. Douglass & G. S. Roberts (Eds.), *Japan and global migration: Foreign workers and the advent of a multicultural society* (pp.123-152). First published 2000 by Routledge. Honolulu, HI: University of Hawaii Press.

Yoshino, K. (1998). Culturalism, racialism, and internationalism in the discourse on Japanese identity. In Gladney, D. C. *Making majorities: Constituting the nation in Japan, Korea, China, Malaysia, Fiji, Turkey, and the United States* (pp.13-30). Stanford, CA: Stanford University Press.

Wisconsin Historical Images-Mexican Migrant Workers
http://www.wisconsinhistory.org/whi/fullimage.asp?id=22900

■著者紹介

杉野　俊子（すぎの　としこ）
　　工学院大学基礎・教養教育部門外国語科教授
　　テンプル大学大学院教育学部修了（2007 年 8 月）
　　博士（教育学）

主著：
　　松原好次、山本忠行編者『言語と貧困―負の連鎖の中で生きる世界の言語的マイノリティ』（共著）明石書店、2012 年
　　大学英語教育学会監修、矢野安剛・木村松雄・木下正義・本名信行編『英語教育政策―世界の言語教育政策論をめぐって』（JACET 50 周年記念刊行・英語教育学体系第 2 巻）（共著）大修館書店、2011 年
　　杉田米行編著『グローバリゼーションとアメリカ・アジア太平洋地域』（共著）大学教育出版　2009 年
　　Nikkei Brazilians in a Brazilian School in Japan: Factors Affecting Language Decisions and Education、慶應義塾大学出版会、2008 年

アメリカ人の言語観を知るための 10 章
―先住民・黒人・ヒスパニック・日系の事例から―

2012 年 10 月 10 日　初版第 1 刷発行
2015 年 6 月 10 日　初版第 2 刷発行

■著　者――杉野俊子
■発行者――佐藤　守
■発行所――株式会社　大学教育出版
　　　　　〒700-0953　岡山市南区西市 855-4
　　　　　電話（086）244-1268　FAX（086）246-0294
■印刷製本――サンコー印刷

© Toshiko Sugino 2012, Printed in Japan
検印省略　　落丁・乱丁本はお取り替えいたします。
本書のコピー・スキャン・デジタル化等の無断複製は著作権法上での例外を除き禁じられています。本書を代行業者等の第三者に依頼してスキャンやデジタル化することは、たとえ個人や家庭内の利用でも著作権法違反です。
ISBN978-4-86429-177-4